Elogios para

Piensa a largo plazo en un mundo a corto plazo

"*Piensa a largo plazo en un mundo a corto plazo* les ofrece a sus lectores una solución reflexiva y práctica, unida a un enfoque convincente sobre cómo convertir en realidad las ambiciones más altas que cada uno tiene en medio de un mundo exigente y centrado en el corto plazo. Esta es una lectura que bien vale la pena hacer".

—**Doug Conant,** fundador y director ejecutivo de ConantLeadership; Presidente de CECP; ex director ejecutivo de Campbell Soup Company

"Si deseas tomar el control de tu vida personal y laboral, y cultivar los hábitos necesarios para alcanzar el éxito que buscas, lee *Piensa a largo plazo en un mundo a corto plazo*".

—**Charles Duhigg,** autor de los *bestsellers, The Power of Habit* y *Smarter Faster Better*

"Para redefinir el éxito en tus propios términos y construir el estilo de vida que anhelas, lee *Piensa a largo plazo en un mundo a corto plazo*".

—**Keith Ferrazzi**, autor de los *bestsellers* de *The New York Times, Never Eat Alone* y *Leading Without Authority*

"Este es uno de esos libros únicos que nos ayudan a reenfocarnos en lo que en realidad nos interesa. *Piensa a largo plazo en un mundo a corto plazo*, de Dorie Clark, está escrito de manera magistral y contiene consejos aplicables que nos muestran cómo iniciar con ánimo cada día. Además, nos enseña a descubrir un ritmo personal cómodo y útil para avanzar hacia nuestras metas".

—**Francesca Gino**, Profesora de la Escuela de Administración de Empresas de Harvard; autora *bestseller* de *Rebel Talent*

"Si estás interesado en construir y vivir una vida verdaderamente significativa, este maravilloso trabajo de mi extraordinaria amiga Dorie Clark es para ti. Está lleno de consejos específicos y prácticos que podrás aplicar de inmediato".

—**Hubert Joly,** ex presidente y director ejecutivo de Best Buy; profesor titular de la Escuela de Administración de Empresas de Harvard y autor de *The Heart of Business*

"Prepárate para no volver a ver tu vida como hasta ahora lo has hecho. *Piensa a largo plazo en un mundo a corto plazo* es una lectura obligatoria para todo aquel que esté desesperado por liberarse de los grilletes de la pantalla de su computador y de su celular y descubrir en qué consiste esta nueva vida post Covid".

—**Martin Lindstrom**, autor *bestseller* de *The Ministry of Common Sense* y creador de Buy.ology

Dorie Clark

PIENSA A LARGO PLAZO
EN UN MUNDO A CORTO PLAZO

TALLER DEL EXITO

Piensa a largo plazo en un mundo a corto plazo
Título en inglés:
The Long Game: How to Be a Long-Term Thinker in a Short-Term World
Copyright © 2022 Dorie Clark
Published by arrangement with Harvard Business Review Press.
Unauthorized duplication or distribution of this work constitutes copyright infringement.
Traducción: © 2022 por Taller del Éxito Inc.

Reservados todos los derechos. Ninguna parte de esta publicación puede ser reproducida, distribuida o transmitida, por ninguna forma o medio, incluyendo: fotocopiado, grabación o cualquier otro método electrónico o mecánico sin la autorización previa por escrito del autor o editor, excepto en el caso de breves reseñas utilizadas en críticas literarias y en ciertos usos no comerciales dispuestos por la Ley de Derechos de autor.

Publicado por:
Taller del Éxito, Inc.
1669 N.W. 144 Terrace, Suite 210
Sunrise, Florida 33323
Estados Unidos
www.tallerdelexito.com

Editorial dedicada a la difusión de libros y audiolibros de desarrollo y crecimiento personal, liderazgo y motivación.

Director de arte: Diego Cruz
Traducción y corrección de estilo: Nancy Camargo Cáceres
Diseño de carátula y diagramación: Chrislian Daza

ISBN: 9781607388142

25 26 27 28 29   R|GIN   09 08 07 06 05

A mi madre, Gail Clark,
y a la comunidad Recognized Expert.
Ustedes me inspiran todos los días.

Contenido

Introducción 11

Sección Uno
Agenda espacios en blanco 31

Capítulo 1
La verdadera razón por la que todos
estamos tan ocupados 33

Capítulo 2
Aprende a decir no (Incluso a propuestas interesantes) 45

Sección Dos
Enfócate en lo realmente importante 69

Capítulo 3
Estableciendo las metas correctas 71

Capítulo 4
Es hora de explorar 93

Capítulo 5
La técnica de pensar en olas 119

Capítulo 6
Haciendo uso de la maximización estratégica 141

Capítulo 7
La gente adecuada en los lugares adecuados 159

Sección 3
Conservando la fe 191

Capítulo 8
Aplicando la estrategia de la paciencia 193

Capítulo 9
Reevaluando el fracaso 209

Capítulo 10
Cosechando las recompensas 231

Epílogo
Tres claves para convertirnos en un pensador
a largo plazo 251

Notas 255

Agradecimientos 261

Sobre la autora 263

Introducción

Salté de la cama ante aquel sonido —agudo y persistente—. Aún estaba oscuro y yo todavía estaba desorientada. ¿Qué estaba pasando en medio de la noche?

Y luego, me acordé.

Eran las 3:30 a.m. y aquel sonido penetrante era el de mi reloj despertador. Lo dejé programado desde la noche anterior, porque tenía que tomar un vuelo a las 5:00 a.m. en el JFK.

Tomé dos aspirinas —ya tenía dolor de cabeza—, eché la ropa que había dejado sobre el tocador y llamé a mi Uber. Dirigiéndome por el desierto puente de Brooklyn, miré hacia los cientos de luces de los edificios de oficinas —las cuales permanecieron encendidas toda la noche—, centellando sobre el East River, que fluye por debajo. Tenía una misión por cumplir. Todo lo que necesitaba hacer era obligar a mi cuerpo a obedecer.

Tendría la oportunidad de descansar un poco en el avión y prepararme así para una jornada en la que estaría asistiendo a varias reuniones en la ciudad de Los Ángeles. Llegaría a donde el cliente a las 9:30 a.m., hora Pacífico. Las reuniones estaban programadas hasta las 6 p.m. (9 p.m. en mi ciudad), seguidas de una cena rápida antes de acostarme. Al día siguiente, tendría más reuniones en LA y luego tomaría un vuelo a Atlanta, llegando a las 5:50 p.m. hora Este. Si el clima y el tráfico me lo permitían, tendría el tiempo suficiente para llegar a mi cena con el cliente y dar una conferencia a la mañana siguiente.

Sabía que podía hacer todo eso —tenía que hacerlo—. Esa semana, todo había marchado sin problemas. Sin embargo, al cruzar a toda velocidad por el puente de Brooklyn, sentí una punzada rápida y aguda. Por un momento, y antes de que pudiera controlarlo, me invadió una oleada de soledad. Hasta me pregunté por qué yo había decidido que mi vida fuera de esa manera.

✘ ✘ ✘

En esa ocasión, iba a implementar un taller enfocado en el área de negocios. Una gran empresa de servicios financieros había traído a 30 de sus mejores ejecutivos para que formaran parte de una sesión especial de dos días. Estos hombres y mujeres formaban parte del grupo ejecutivo más exitoso de su empresa, pero, cuando hablé con ellos después del taller, noté que usaban un refrán en común: "Ojalá hubiera tiempo para pensar".

Por esos días, aquella era una frase que yo venía escuchado en repetidas ocasiones, incluso en personas muy cercanas a mí. Mi mejor amiga me debía una respuesta sobre un documento que le envié. Por lo general, sus respuestas solían ser rápidas y minuciosas, pero, las últimas veces, ya no lo eran tanto.

"Esa es una lectura rápida para cuando tengas la oportunidad de tomar un respiro", le dije en un mensaje de texto como para animarla.

"El problema es que no tengo tiempo ni para respirar", me respondió ella —que estaba en medio de un viaje de negocios.

Según parecía, a mi amiga le estaba yendo muy bien con su próspero negocio y con una nueva relación. Sin embargo, por dentro, ella sentía que apenas sí lograba mantenerse al día con todo lo que tenía que hacer.

✖ ✖ ✖

Hoy, muchos nos sentimos apresurados, abrumados y perennemente atrasados en todas nuestras actividades. Mantenemos la mente abarrotada de todas las cosas que tenemos por hacer y en cuál será la siguiente. Siempre estamos atrapados en "modo hacer", sin un momento disponible para realizar un balance o para formularnos preguntas sobre lo que en realidad queremos de la vida.

En nuestros ratos libres, al leer las publicaciones que hacen nuestros amigos y colegas en las redes sociales, nos encontramos con sus desfiles de triunfos y terminamos preguntándonos: *¿Cuál es su secreto? ¿Qué saben ellos que yo no sé? ¿Por qué siento que no logro mantenerme al día en todo? ¿No existirá un "truco de vida" que me sirva para lograrlo?*

Esa no es la forma en que ninguno de nosotros debería vivir.

¿Qué tal si más bien hacemos a un lado las comparaciones, descubrimos nuestra propia definición de éxito y vivimos la vida en nuestros propios términos? En estos días, tiende a parecer infructuoso decir que hay que hacer uso de la paciencia, de estrategias y del esfuerzo constante que se requieren para llegar a ese punto de construir nuestra vida de acuerdo a nuestros parámetros. El hecho es que, para construir ese tipo de vida significativa e interesante que todos buscamos, estos aspectos son esenciales —y ha llegado el momento de implementarlos.

El 28 de febrero de 2020, sonó la alarma de mensaje entrante de mi correo electrónico. "Me alegra informarle que nos encantaría publicar su libro", me escribió mi editor. *Piensa a largo plazo en un mundo a corto plazo* estaba en marcha.

Al día siguiente —1 de marzo de 2020—, el primer caso de Covid-19 fue diagnosticado en la Ciudad de Nueva York, donde vivo.

Durante los primeros días del encierro, un colega me envió un mensaje sobre el proyecto de mi libro. Yo me había propuesto escribir sobre la importancia de ser un pensador a largo plazo en un mundo a corto plazo. Pero, a la luz del Covid, él me comentó: "¿No será que pensar a largo plazo resulta un poco pasado de moda en estos momentos? Lo digo, porque es probable que todos estos cambios tan inesperados acaben con cualquier pensamiento a largo plazo y sea inútil hacer toda clase de planes".

Yo misma me había concentrado en combatir el señuelo destructivo de pensar a corto plazo. Pero ahora, en medio de una pandemia en la que todo cambió de la noche a la mañana, lo que había que preguntarse era otra cosa: *¿aún hoy sería relevante pensar a largo plazo?*

✖ ✖ ✖

Como los hospitales de la Ciudad de Nueva York se desbordaron durante esos primeros meses de pandemia, los riesgos de contraer Covid eran aterradores. También lo eran las implicaciones financieras. Mis planes de viaje para la primavera estaban listos desde hacía meses: dictar una clase en Moscú y unas conferencias en Dallas, Vancouver, Florida y en otras partes más. Pues bien, todos esos viajes, junto con los ingresos que me hubieran generado, se evaporaron 100%.

Después, caí en cuenta: ya sabía lo que había que hacer. Mi negocio de dictar conferencias comenzó en 2013, debido al lanzamiento de mi primer libro, *Reinventing You*. Las conferencias son lucrativas y pueden llegar a ser glamorosas, tanto así que fueron ellas las que me llevaron a diversas partes del mundo.

Sin embargo, entendí que esta opción no siempre sería sostenible. Lo supe cuando me embarqué en una gira de conferencias en tres ciudades de Eslovaquia en las que tuve que enfrentarme tanto a una tos seca como a una laringitis que me dieron. También lo supe cuando enseñé seis horas al día durante dos semanas en una escuela de negocios en Kazajstán, a pesar de tener fiebre alta y escalofríos. Cuando un cliente te lleva tan lejos, el espectáculo debe continuar y yo siempre cumplí. Pero también sabía que un día, si alguna vez me enfermaba *de verdad*, me sería imposible cumplir. Tenía amigos que estaban en sus treintas y que habían sido diagnosticados con trastornos de inmunodeficiencia del sistema o con cáncer. *Dios me guarde*, pensé. El caso es que, enfrentarme a esa realidad generó en mí el deseo y la necesidad de volver a planificar mi rumbo.

El secreto, lo sabía, consistía en encontrar una forma de ganar dinero de tal modo que no dependiera de mi presencia física —así dejaría de "cambiar tiempo por dinero". Entonces, en 2014, comencé a experimentar con cursos en línea. Ese año creé mi primer curso, trabajando con una empresa ya establecida en ese mercado; al año siguiente, me asocié con otra empresa y creé el segundo. Estaba experimentando, aprendiendo.

Finalmente, en 2016, decidí hacer todo lo posible para crear mi propio curso en línea de forma independiente y, para asegurarme de hacerlo de la manera correcta, escribiría un libro sobre el proceso de generar nuevos ingresos, entrevistando a los expertos del mundo en ese campo. Sería un proyecto de investigación inmersiva y terminó convirtiéndose en mi libro *Entrepreneurial You*, el cual fue lanzado al mercado en 2017.

Ciertamente, no vi venir ninguna pandemia. No fue por eso que comencé a investigar sobre cómo desarrollar trabajos paralelos y múltiples fuentes de ingresos. Por lo que estaba preocupada era por solucionar lo prosaico: qué hacer en caso de enfermarme o, simplemente, de cansarme de esa vida de constante viajadera. La verdad es que nadie puede predecir el futuro. Lo que sí podemos hacer es identificar cuáles son aquellos objetivos hacia los cuales queremos dirigirnos o en qué consisten esas vulnerabilidades en potencia que queremos evitar.

En los dos meses posteriores a la llegada del Covid, elevé el volumen de proyectos y de relaciones que había estado desarrollando durante los seis años anteriores. Escribí los guiones de tres nuevos cursos en línea, los filmé y dirigí el relanzamiento a gran escala de Recognized Expert, mi propio curso en línea. Por fortuna, todos esos esfuerzos me permitieron convertir el que podría haber sido un año desastroso para mi negocio en mi año de mayor éxito hasta la fecha.

Sin lugar a duda, duplicar los cursos en línea fue un movimiento a corto plazo. Sin embargo, esta modalidad no nació de un pensamiento a corto plazo. Nada de lo que he logrado hubiera sido posible si no hubiera hecho el giro estratégico hacia la educación digital que había estado realizando durante más de la mitad de la década. De modo que, como verás, el pensamiento a largo plazo nos protege durante las recesiones (de todo tipo), porque nos mantiene avanzando hacia nuestras metas más importantes.

Por consiguiente, necesitamos ser ágiles y adaptarnos cuando las circunstancias cambian, teniendo siempre en cuenta que el pensamiento a largo plazo es la verdadera clave que sustenta nuestro plan de vida y el que nos permite hacer los ajustes que se requieran, según sea el caso. Si todo lo que hacemos es avanzar, reaccionando a los estímulos, nunca estaremos ni siquiera cerca de nuestras metas. En cambio, si adoptamos una estrategia a largo plazo y tenemos en cuenta que es posible que el camino varíe con el paso del tiempo, ese modo de pensar será el que nos ayudará a maximiza nuestras posibilidades de éxito.

Fue entonces cuando comprendí que el pensamiento a largo plazo no es inservible, ni está pasado de moda. Por ningún motivo.

✖ ✖ ✖

Además, la visión a largo plazo genera un efecto secundario inusual: valentía. Mi amigo Martin Lindstrom es un consultor de marca superior y le sirve como consejero a una de las familias reales del mundo, así que, durante una de sus consultorías, el monarca lo llevó a un lado del salón y le dijo: "Sr. Lindstrom, no sea miope. Quiero que usted piense a largo plazo"[1].

¿Qué tan a largo plazo?

"No estamos interesados en los próximos meses", le dijo el gobernante a Martin. "Nosotros no hacemos anuncios de ganancias trimestrales. Ni siquiera operamos con un horizonte a mediano plazo, de cinco, ni diez años. Nosotros operamos con un horizonte de por vida, una generación a la vez. En su trabajo de asesoría en lo referente a establecer una marca estratégica que identifique a mi familia, si una generación obtiene buenos resultados, lo que eso significa es que usted habrá cumplido con su trabajo".

En estos días, esa perspectiva de vida es extremadamente rara. Por ejemplo, muchas empresas se han visto sorprendidas en los últimos años con respecto a cuestiones sociales que van desde las relaciones raciales hasta el matrimonio igualitario y el cambio climático. Pero, por lo general, no es porque sus líderes no estén de acuerdo con nuevas premisas. Como señala Martin: "A lo largo de mi carrera, he llegado a conocer a cientos de directores ejecutivos y ninguno de ellos —es decir, cero— ha estado en desacuerdo alguna vez con el concepto de igualdad". A menudo, lo que en verdad genera sus respuestas incómodas es el miedo a las consecuencias a corto plazo, ya sea que se trate de un impacto en las ganancias trimestrales o de una caída en el precio de las acciones o de un bono de fin de año reducido.

Se necesita valor para ser un pensador a largo plazo y también la voluntad para enfrentarse a las consecuencias a corto plazo, pero la recompensa suele ser enorme.

Mi amigo Jonathan Brill es un experto en innovación en Silicon Valley. Él opina que el riesgo real para las empresas "es que contrates colaboradores inteligentes que saben cómo ganar —solo para decirles que se enfoquen en ganar en la meta equivocada—". Cuando todos los incentivos apuntan hacia objetivos de ingresos a corto plazo, es en eso en lo que se enfocarán los asesores. "El resultado de esa mentalidad", dice Jonathan, "es que quizá pierdas, ganando".

Pierdes, porque, en lugar de invertir en implementar una innovación significativa que transformará a tu empresa o a tu industria, inviertes en lo que se conoce como "innovación de funciones", como en "¿qué color de botón debería incluirse en esa nueva aplicación?". Un nuevo color en una aplicación no revolucionará nunca nada, ni perdurará, pero es fácil de implementar y, hasta cierto punto, podría llegar a mejorar los resultados del momento.

Todo el mundo ama los retornos 10x y el brillo de la innovación revolucionaria, por supuesto. El problema es que obtenerlos requiere de tiempo. "Por lo general, se necesitan cinco o seis años para que un producto o una empresa escalen", afirma Jonathan. Existe un ciclo de aceleración que permite ver si las cosas están funcionando para luego ajustarlas y optimizarlas. Durante mucho tiempo, inclusive algunas de las mejores innovaciones tienden a parecer inversiones en las cuales el dinero invertido va a ser una pérdida. Sin embargo, una vez establecidas, habrás construido un modelo competitivo poderoso. En últimas, él dice: "Lo que estás buscando son ganancias. Y esas se dan en la escala de décadas, no en una escala trimestral".

Por consiguiente, solo el pensamiento a largo plazo te llevará allá. Además, es un hecho que aplicar ese mismo principio que funciona en las mejores y más inteligentes corporaciones también funciona en nuestra propia vida.

✖ ✖ ✖

Era 2008. Nos encontrábamos en medio del furor de las semanas previas al colapso financiero. Entonces, me las arreglé para asistir a una conferencia de élite en la que no conocía a nadie y en la que lo más probable sería que yo fuera la persona menos calificada de todo el recinto. Allí, encontré un grupo de gente de mi edad y ¡bingo! Recibí la invitación de unirme a ellos durante la cena. Noté que se conocían entre sí, pues todos estudiaron en Ivy League.

Mientras esperábamos a que llegaran los aperitivos, una de las chicas inició una conversación sobre si, una década después de haberse graduado de la escuela, la gente de su clase había producido más bebés que libros. De modo que, a lo largo de las que parecieron varias horas, mis compañeros de mesa se dedicaron a recorrer uno a uno los nombres de quienes todos sabían que tenían un bebé o estaban esperando uno o habían escrito un libro. ¡Hasta hubo uno que ya había publicado *cinco*! Y así, sucesivamente.

En ese entonces, yo no tenía bebés, ni libros. Todo lo que pude hacer fue sonreír amablemente y pensar: *coman mierda*.

Una gran cita de Henry Wadsworth Longfellow afirma que: "Nos medimos a nosotros mismos por lo que nos sentimos capaces de hacer. En cambio, los demás nos miden solo en función de lo que hayamos logrado". Por supuesto, tiene sentido, pero es muy frustrante cuando existe una brecha entre lo que sabemos que podemos lograr y lo que en verdad hemos logrado hasta el momento.

Todo tarda más de lo que queremos. Todo.

✘ ✘ ✘

A principios del siguiente año, ya tenía un plan: conseguir un contrato para publicar un libro en los 12 meses siguientes, pasara lo que pasara. Fui implacable e invertí toda la primavera escribiendo tres propuestas de tres libros diferentes. Estaba segura de que algún editor se interesaría en una de ellas, pero no estaba dispuesta a tomar ningún riesgo. Así que, a través de un amigo, logré conectarme con una agente literaria y, desde el principio, ella rechazó una de las propuestas: "Eso es un artículo, no un libro", me dijo, pero opinó que los otros dos quizá sí *podrían* tener algún mérito. Durante el verano, revisé los proyectos sin cesar, puliendo mi prosa y afinando mis ideas hasta tener algo que valiera la pena enviarles a las editoriales.

Excepto que tampoco nadie las quiso. Rechazo tras rechazo, recibía los mismos comentarios: buen intento, pero *no eres lo suficientemente famosa*. Así las cosas, mi agente terminó por rendirse y me dejó. Entonces, decidí empezar a escribir blogs (lo cual no quería hacer) como un modo de llegar a ser "lo suficientemente famosa" y así poder escribir un libro. Me tomó dos años lanzarme al campo de las publicaciones, rogándoles a amigos que me dieran contactos y soportando un flujo de editores que terminaron por desesperarme. El caso es que llegué a acumular suficientes artículos y la experiencia necesaria para conseguir un contrato para escribir un libro. Y dos años después, salió al mercado *Reinventing You*.

Pasó mucho tiempo desde esa humillante conversación durante aquella cena. Pero, finalmente, logré compartir mis ideas con el mundo.

✖ ✖ ✖

Por cada éxito, hay muchas ocasiones en las que algo que deseamos o por lo cual luchamos no funcionó. Del mismo modo, hay momentos en el camino que vale la pena saborear. Momentos en los que te das cuenta que hubo pequeños pasos que fueron frustrantes y arduos, y que hasta parecieron inútiles, pero fueron esos precisamente los que marcaron la diferencia.

El desafío de todo ser humano es interno: consiste en seguir adelante cuando nadie nos está prestando atención y parece no haber alguien a quien le importe lo que estamos haciendo. Además, es crucial creer que llegará el momento en que, eventualmente, el mundo reconocerá nuestra labor.

✖ ✖ ✖

Hace unos años, lancé Recognized Expert[2]. Es un curso en línea que cuenta con una comunidad que contribuye a que los profesionales talentosos aprendan a construir su plataforma y a compartir desde ella sus ideas con el mundo. Día a día, observo que los participantes enfrentan los mismos desafíos por los que yo pasé. Hay momentos para celebrar, pero también hay momentos en los que el campo de acción al que perteneces no tiene en cuenta tus publicaciones o rechaza tus propuestas o tus solicitudes de hacer una presentación y no hay nadie que siquiera te reciba una mínima respuesta. Mientras tanto, el interminable bombardeo en las redes sociales pareciera dejarte en claro una amarga verdad: ¡que todos los demás sí tienen muy bien calculado y bajo control todo lo que están haciendo!

Es innegable que, en situaciones como esas, no podemos evitar preguntarnos: *¿Será que debo apresurarme y ser más rápido en lo que hago y propongo? ¿Será que tengo que trabajar más? ¿Ser más intrépido? ¿Por qué esto que publico o propongo no funciona?* Sin lugar a dudas, ¡la mayoría de nosotros ya estamos trabajando tan duro y tan rápido como nos es posible! Para muchos profesionales, literalmente, no hay límite. Todos estamos tan atrapados en el modo ejecución que apenas sí tenemos tiempo para pensar. Entonces, ¿qué más podemos hacer?

✖ ✖ ✖

Hay dos cosas que odio en este mundo. Una de ellas es el hecho de tener que poner en práctica la paciencia. Durante toda mi infancia, me molestó que me dijeran que no podía conducir un auto, ni abrir un negocio, ni votar. Por ningún motivo, estaba dispuesta a que mi vida tuviera que esperar para comenzar a ser importante. Pero he tenido que aprender a hacer las paces con la paciencia, pues comprendí que todo lo significativo que he hecho ha requerido de mucho más tiempo del que quería o había planeado. Los cinco años que transcurrieron entre el momento en que estuve presente en aquella conversación de "¿cuántos libros has publicado?" y la fecha de mi primera publicación fueron para mí como una vergonzosa eternidad. ¿Por qué estaba tardando tanto para lograr esa meta?

Sin embargo, llegó el día. Llegué al punto de comprender algo que pocos comprenden: la tasa de recompensa por perseverar durante esos días no es lineal. Es exponencial.

Me tomó cinco años mostrar *algún progreso* entre esa conversación de la cena aquella y publicar un libro. Y media década posterior a esa publicación, me las había ingeniado para construir un negocio de siete dígitos, convertirme en profesora en dos de las principales escuelas de negocios de Estados Unidos y llegar a traducir mis libros a 11 idiomas. Además, me convertí en una inversionista de Broadway, en comediante y también en la productora de un álbum de jazz ganador de un Grammy.

Si fuera fácil ser paciente y hacer el trabajo, entonces, todos lo harían. Lo que me encanta de la paciencia es que, en última instancia, esa es la prueba más auténtica del mérito: *¿En verdad estás dispuesto a hacer el trabajo a pesar de que no haya un resultado garantizado?* Logramos tener éxito trabajando duro sin reconocimiento, ni elogios e incluso sin la certeza de que lo que estemos haciendo va a llegar a buen puerto. Necesitamos hacerlo por fe y realizarlo de todos modos. Eso es aplicar la que se conoce como *paciencia estratégica*. Tienes que rodearte de gente que admiras, en la cual confías y de cuyo ejemplo aprendes. Deberás estudiar lo que ha funcionado antes y elegir qué es aquello que deseas emular, así como determinar qué, dónde y por qué quieres hacer algo diferente.

Además, tienes que estar dispuesto —muchos no lo están— a elegir entre varias opciones. Necesitas reconocer que, al decirle "sí" a una alternativa, será inevitable decirles "no" a las otras que tengas. Por lo tanto, necesitarás sopesar las posibles consecuencias de tu elección y poner todas tus fichas sobre la mesa, pues, sin lugar a dudas, tratar de hacerlo todo significa que nunca llegarás a lograr nada sustancial.

En cualquier caso, es innegable que el hecho de poder elegir de manera consciente cómo vamos a emplear nuestro tiempo y, por lo tanto, nuestra vida, es monumental. Por lo tanto, tendrás que hacer tus apuestas, tus movimientos y esperar los resultados. Es por esto que he ido aprendiendo a llevarme cada vez mejor con la paciencia.

✘ ✘ ✘

Con lo que no me siento bien —y es lo segundo que odio— es con el acaparamiento de la información. Muy a menudo, la gente que ha alcanzado el éxito se olvida de lo difícil que fue ascender por esa escalera que la llevó a la cima. Para muchos de ellos, es mejor ceñirse a la narrativa heroica convencional: ¡su brillantez y sus talentos les fueron reconocidos! Según ellos, cuando eres tan excepcional no necesitas ensuciarte las manos con tácticas específicas, ni luchar para convertirte en un triunfador.

Excepto que nadie es tan excepcional.

Conocí a una artista muy exitosa —alguien del nivel de los famosos que hacen charlas en TED y saben generar importantes comisiones internacionales— y le pregunté cómo fue su camino al éxito: ¿Cuál fue su secreto?

"Simplemente, hacer un gran trabajo", fue su respuesta.

¡Si así fuera! Por supuesto que es necesario hacer un gran trabajo, pero ese es solo el punto de inicio. Tú y yo conocemos gente talentosa —tan buena en su campo de acción como el mejor de los mejores— que nunca logró sus propósitos. Siempre hay pasos, técnicas, estrategias para lograr lo que nos propongamos. Es un hecho que, cuando los triunfadores no comparten lo que ellos ya saben por experiencia propia, nadie más aprende lo que se necesita saber para también llegar a ser un triunfador y dicho proceso permanece envuelto en un manto secreto. ¡Y eso me enoja!

Todos conocemos el mantra: no existe eso de tener éxito de la noche a la mañana. Es cierto, se necesitan tiempo y paciencia para llegar a donde queremos. Pero lo que he llegado a descubrir, tanto en mi trabajo como *coaching* de ejecutivos y a través de los participantes en mi comunidad de Recognized Experts, es que, con frecuencia, no está claro cuál es el significado exacto de la palabra "paciencia". ¿Se le puede llamar paciencia al hecho de escribir dos artículos? ¿Diez? ¿Un centenar? ¿Mil? ¿Cuánto tiempo tendrá que pasar hasta que nos reconozcan nuestras ideas y seamos capaces de construir el tipo de vida y de trabajo que queremos?

En *Piensa a largo plazo en un mundo a corto plazo*, mi objetivo es dejar al descubierto el proceso a seguir para convertirnos en verdaderos triunfadores y compartir en qué consiste la verdadera esencia que yace detrás de lo que se necesita para construir éxito a largo plazo.

✘ ✘ ✘

El primer paso es comprender que la clave para construir una vida significativa es establecer nuestros propios términos para que así sea. Sin lugar a duda, el éxito financiero es una meta por la cual luchamos la mayor parte de la humanidad. Pero esa nunca debería ser la única métrica de lo que significa ser exitosos. Más bien, debemos pensar de manera amplia sobre cómo queremos crecer y desarrollarnos como personas, entrelazando diversas áreas en nuestra vida para ser y sentirnos cada vez más triunfadores.

El otro paso es comprender que podemos lograr casi cualquier cosa, pero no de un momento a otro. Si somos metódicos, si persistimos y damos pasos pequeños y deliberados, llegaremos allá donde queremos estar. Al principio, es posible que la marcha sea lenta, pero las ventajas de esas acciones, incrementadas con el paso del tiempo, terminarán por conducirnos a obtener resultados asombrosos.

Jugar a largo plazo —evitando la gratificación a corto plazo en aras de trabajar hacia una meta futura incierta, pero digna— no es fácil. Sin embargo, es el camino más seguro hacia un éxito significativo y duradero en un mundo que, a menudo, prioriza lo que es fácil, rápido y, en última instancia, poco profundo.

En este libro, compartiré conceptos y estrategias clave que sustentan el proceso de pensamiento a largo plazo —los cuales he ido descubriendo a través de la experimentación en mi propia vida y debido al entrenamiento que les he hecho a cientos de ejecutivos y emprendedores de alto nivel. Esta lectura está dirigida a profesionales que quieren obtener algo más de su vida y de su trabajo y que están dispuestos a tomar el camino más difícil para llegar allí. Quizá, tú seas un ejecutivo a mitad de carrera, como Jenny, y estás preguntándote qué sigue. A lo mejor, eres un emprendedor, como Ron, y te sientes frustrado, porque tus ideas no son escuchadas, ni tenidas en cuenta tanto como tú deseas. También es posible que seas alguien planificando su jubilación, como Albert, y no quieres perder tiempo, ni energía tomando decisiones erróneas. Puede que seas un profesional más joven, como Marie, listo para desempeñarte en un escenario más grande (metafórica o literalmente hablando, ya que, en el Capítulo 3, te enterarás sobre cuál fue el recorrido que Marie tuvo que hacer para llegar a actuar en el legendario Carnegie Hall).

El libro se divide en tres secciones: Espacio en blanco, Enfócate en lo realmente importante y Manteniendo la fe.

En la Sección Uno, Agenda espacios en blanco, comenzaremos con una parte de *Piensa a largo plazo en un mundo a corto plazo* que suele ser subestimada: la necesidad de, primero que todo, despejar el camino. Si estás demasiado ocupado y frenético como para sentarte a pensar, entonces, es casi imposible acabar con tu mentalidad a corto plazo.

En el Capítulo 1, hablaremos sobre la *verdadera* razón por la que todos estamos tan ocupados. Todos tenemos mucho que hacer, es cierto. Pero también es cierto que mucho del contenido con el cual atiborramos nuestros horarios termina por convertirse en una prisión que nosotros mismos fuimos construyendo poco a poco y sin darnos cuenta. De modo que aprenderemos a manejar algunas herramientas útiles para escapar o, por lo menos, para separar un poco los barrotes que conforman esa prisión. Y en el Capítulo 2, veremos ciertas formas específicas mediante las cuales te sientas más cómodo diciendo que no, de tal modo que puedas generar más espacio en tu agenda personal y hacer aquello que *sí* es fundamental e importante para ti.

La Sección Dos, Enfócate en lo realmente importante, desarrolla lo que es la esencia del modo de pensar a largo plazo. ¿Cómo identificar esos objetivos correctos en los cuales vale la pena trabajar y cómo alcanzarlos de manera estratégica y efectiva, dadas las otras serias demandas que afrontamos con respecto al uso de nuestro tiempo?

En el Capítulo 3, analizaremos diversas formas de identificar cuáles son esos objetivos adecuados para ti y te explicaré por qué es definitivo saber optimizar tus prioridades. El Capítulo 4 se centra en el concepto del "20% del tiempo", popularizado por Google, el cual sostiene que gastas una quinta parte de tu tiempo en nuevas ideas y en otros proyectos. Te compartiré ejemplos de profesionales que aplicaron esta estrategia en su propia vida y por qué es importante que todos le dediquemos tiempo a la experimentación. El Capítulo 5 aborda una objeción común: *quiero hacer todo lo que haya que hacer, pero ¡no sé por dónde empezar a hacerlo!* Hablaremos sobre cómo trazar tu estrategia de implementación, utilizando un concepto al que yo llamo *pensar en ondas*.

El Capítulo 6 trata de cómo ser más sabios en cuanto a la forma en que usamos nuestro tiempo. ¿Hay alguna manera de matar dos pájaros de un tiro y potencializar nuestro tiempo y nuestra energía más eficientemente con tal de lograr nuestras metas? Claro que la hay. Esta sección concluye con el Capítulo 7, que explica por qué la construcción de una red sólida es fundamental para poner en práctica la mentalidad del juego largo y por qué tanta gente duda en implementarla en su vida bien sea a nivel personal o profesional o en ambos niveles. Aquí, presentaré un marco que te ayudará a pensar en cómo construir relaciones sin tener que sentirte incómodo durante el proceso de la construcción de tu red.

Finalmente, en la Sección Tres, Manteniendo la fe, veremos en qué consiste la que es a menudo la parte más difícil del juego a largo plazo: avanzar a pesar de los desafíos y contratiempos.

En el Capítulo 8, veremos de qué se trata la paciencia estratégica, la clave para perseverar cuando llegas a una meseta (o incluso, a veces, cuando sientes que te estás deslizando, pero en reversa). El Capítulo 9 se referirá al fracaso. Por lo general, los fracasos suelen asumirse como experiencias horribles y humillantes, pero que, a pesar de todo, hacen parte de la ideología propia de Silicon Valley conocida como "fracasar brevemente". En realidad, el verdadero secreto con respecto a fracasar es saber comprender la diferencia crucial que existe entre el fracaso y la experimentación, porque, si estás aprendiendo, entonces, no estás fracasando.

Por último, en el Capítulo 10, hablaremos sobre el paso final: cómo cosechar las recompensas de tu arduo trabajo. Irónicamente, esto es algo que la gente exitosa no siempre sabe cómo hacer, debido a que, con los años, te acostumbras a esforzarte y avanzar casi a empujones, de tal modo que llega a ser difícil retroceder y detenerte a saborear el momento. Sin embargo, hoy, el juego largo significa saber construir ese tipo de éxito profesional a largo plazo que te permita mirar hacia atrás con satisfacción y alegría, debido a los resultados y al estilo de vida que has logrado construir.

✘ ✘ ✘

A nivel intelectual, todos sabemos que el éxito duradero requiere de perseverancia y esfuerzo. Sin embargo, gran parte de nuestra cultura nos empuja a hacer lo que sea fácil, lo que esté garantizado y se vea glamoroso en el momento. Por esa razón, *Piensa a largo plazo en un mundo a corto plazo* es una lectura destinada a llamar la atención en lo que en verdad es el pensamiento a largo plazo. Es un práctico conjunto de herramientas que te muestra —en esos momentos de duda más oscuros— cómo seguir priorizando lo que es más importante, haciendo pequeñas cosas a lo largo del tiempo para lograr tus objetivos, estando siempre dispuesto a ir tras ellos, incluso cuando parezcan inútiles, aburridos o casi imposibles de alcanzar.

Esas son la clase de elecciones que te distinguirán de los demás. Es bloguear aun cuando nadie esté leyendo tu blog, todo con el fin de poner a prueba tus ideas y construir una audiencia; es tomar la clase de Toastmasters aun cuando parezca que a nadie le importa lo que tengas que decir, puesto que tu verdadero objetivo es convertirte en un presentador más eficaz; es asistir a eventos relacionados con la creación de redes en los cuales te sientes como la persona menos exitosa de la reunión, pero a pesar de eso sabes que lo que estás haciendo es obtener nuevos conocimientos y contactos.

No percibirás ninguna diferencia después de una semana o un mes, ni (a menudo) incluso después de un año. Los grandes objetivos tienden a parecer, y francamente lo son, imposibles en el corto plazo. Pero, de lo que pocos se dan cuenta es de que, mediante pequeñas y metódicas medidas tomadas día tras día, casi todo es alcanzable, y con frecuencia, antes de lo que uno mismo se imagina.

Así que… comencemos a pensar a largo plazo.

Sección Uno
AGENDA ESPACIOS EN BLANCO

No es posible verter más líquido en un vaso que ya está lleno. Si vamos a tomar decisiones inteligentes sobre cómo invertir nuestro tiempo y nuestra energía, tenemos que darnos cierto espacio en blanco para nosotros mismos.

Demasiados profesionales talentosos viven en piloto automático, corriendo de una obligación a la otra. Estar tan ocupados tiende a parecer el camino hacia el éxito, pero sin tiempo para reflexionar, lo que se avecina podría ser la posibilidad de un siniestro. ¿Qué pasa si estamos optimizando en cuanto al cumplimiento de metas *equivocadas*? Es por eso que necesitamos darnos la oportunidad de explorar en qué es eso que significa para *nosotros* tener una vida exitosa. Ese es el tema que cubriremos en los dos próximos capítulos.

Capítulo 1

LA VERDADERA RAZÓN POR LA QUE TODOS ESTAMOS TAN OCUPADOS

Todos sabemos que estar en constante afán y vivir siempre a corto plazo no es la manera más óptima de pasar la vida. De hecho, en un estudio realizado bajo la dirección de Research Group1, cuyo objeto de estudio fueron altos directivos, el 97% de ellos identificó en qué consiste el pensamiento estratégico —la capacidad para concentrarse deliberadamente en las prioridades a largo plazo— como la clave para el éxito de su organización.

Pero hay algo que se interpone en ese camino hacia el éxito empresarial. En un estudio separado[2], casi el mismo porcentaje de los encuestados, el 96%, afirmó que no tiene el tiempo suficiente para pensar en estrategias a largo plazo.

¿En serio?

No hay duda de que los profesionales de hoy están ocupados. Un estudio dirigido por McKinsey arrojó que los trabajadores del conocimiento dedican un 28% de su tiempo a procesar sus correos electrónicos[3]. Otro estudio separado, hecho por Atlassian Group, mostró que los profesionales asisten a un promedio de 62 reuniones al mes[4] —que en un comienzo parece una cifra impactante, solo hasta que te das cuenta de que se llega a esa cifra al realizar hasta dos y tres reuniones de trabajo por día. Pero eso no es lo usual. ¡Ocurre solo los martes!

El frenesí de estar siempre corriendo de una cita a otra, redactando informe tras informe, tomándonos una selfi ocasional (¡Hola, internet!) para luego dedicarnos a responder correos electrónicos hasta la medianoche comienza a parecernos como si estuviéramos viviendo nuestra propia versión de la película *Día de la Marmota*. Mientras tanto, nuestro trabajo real —aquel sobre el cual somos evaluados y mediante el cual alcanzamos nuestros logros— termina quedando en medio de tanta ocupación.

La verdad es que algunas empresas aún confían erróneamente en que la productividad y la lealtad empresarial se miden según sea la cantidad del tiempo presencial de sus empleados en el lugar de trabajo (o del "tiempo en pantalla", si es que ellos están trabajando de modo virtual). El hecho es que la investigación muestra que los empleados que registran 50 o más horas laborales a la semana ganan un 6% más en comparación con sus colegas menos entusiastas[5], a pesar de que está comprobado que el nivel de productividad disminuye después de 50 horas de trabajo[6]. Así que la mentalidad de "siempre activo" es una adaptación racional a esos incentivos tan fuera de lugar.

Pero esa no es toda la historia. Cuando el 96% de los líderes de alto rendimiento dice que, simple y llanamente, no puede hacer algo de misión crítica, entonces, algo más está sucediendo.

LOS BENEFICIOS OCULTOS DEL FRENESÍ

Decimos que queremos espacios en blanco en nuestro calendario y tiempo para pensar. Después de todo, con frecuencia nos sentimos al borde de quedarnos rezagados. Siempre estamos mirando hacia adelante, hacia a la próxima actividad programada en el calendario y nunca disfrutamos de lo que tenemos frente a nosotros. Hasta el mejor trabajo se vuelve tormentoso si el ritmo que llevamos es demasiado frenético o las demandas resultan demasiado abrumadoras y la presión es demasiado inflexible.

Entonces, ¿por qué no podemos detenernos?

Resulta que podríamos estar obteniendo beneficios ocultos de ese implacable "modo de ejecución" a corto plazo. La investigación conducida por Silvia Bellezza, de Columbia Business School, junto con sus colegas, mostró que estar ocupado, al menos, en los Estados Unidos, indica un alto nivel social. "Existe gran demanda y escasez en el mercado laboral en cuanto se refiere a contratar personas que posean las características propias del capital humano que los empleadores o clientes valoran (por ejemplo, competencia y ambición). De modo que, al decirles a los demás que estamos ocupados y trabajando a todo momento, estamos sugiriendo de manera implícita que somos apetecidos a nivel laboral, lo cual eleva la percepción que tienen los demás acerca de nuestro estatus"[7].

En otras palabras, estar "muy ocupados" y asegurarnos de que los demás lo sepan ya sea a nivel consciente o inconsciente, puede ser importante para nuestra autoestima. Y aunque todos anhelamos el tiempo necesario para poder hacer planes a largo plazo, el hecho de tenerlo podría indicar que somos menos esenciales de lo que pensamos que somos.

La autoestima es sin duda un poderoso incentivo para mantenernos ocupados, pero no es el único.

LOS RESULTADOS ANESTÉSICOS DE MANTENERNOS MUY OCUPADOS

Estar ocupados también es un anestésico. En una entrevista realizada en su podcast, *The Tim Ferriss Show*, el autor Tim Ferriss habló sobre cómo "hasta, por lo menos, el año 2004, mi solución para no sentir algo que yo no quería sentir era agregar más y más actividades en mi agenda… con el fin de ahogar ese sentimiento no deseado. Algunas personas usan heroína, otras usan cocaína y otras usan su trabajo. De modo que yo usaba la estrategia de agendar muchísimas actividades en mi diario vivir"[8].

Ciertamente, yo también solía hacer lo mismo. Hace varios años, recuperándome de una ruptura y de la muerte de un miembro de mi familia, vendí mi casa, me mudé a otro Estado y, aun así, ese año logré hacer 61 conferencias magistrales. Más de una vez a la semana, llamé unos cuantos taxis, abordé unos cuantos aviones y me hospedé en unos cuantos hoteles. Y me encantó, pues estar lejos de mi casa era la única forma de no llorar. De modo que me centraba una y otra vez en realizar la misma rutina: qué aerolínea elegiría, a qué terminal llegaría y por cuál puerta abordaría mi vuelo. De ese modo, me era más fácil concentrarme en dictar mi conferencia y en brindarle al cliente lo que él esperaba de ella. Hasta la logística —dónde encontrar buena comida india en Cincinnati o en Phoenix o en Charlotte— me ayudaba a distraerme. Porque, cuando volvía a casa y me encontraba sola, esa realidad era más fuerte de soportar que mis propias fuerzas.

Existe un gran consuelo existencial en el hecho de sentir que *sabemos qué es lo que tenemos pendiente de hacer*. Esto ocurre, porque, cuando estamos ocupados y concentrados en la realización de nuestros planes, no tenemos tiempo para hacernos preguntas que puedan tener como resultado respuestas que nos lleven a reflexiones profundas, tú sabes: *¿será este el camino que debería estar siguiendo? ¿Qué significa realmente el éxito para mí? ¿Estoy o no viviendo como quiero?* Entonces, si por ejemplo necesitas aumentar tus ingresos en un 25%, pero no sabes cómo lograrlo o quieres reevaluar qué otras opciones tienes con respecto a tu trabajo o tienes que hacerles frente a ciertos cambios que están ocurriendo en tu campo de acción, es mucho más fácil seguir haciendo lo mismo e insistir en que no tienes tiempo para reevaluar tu trabajo o tu vida.

Ese fue el caso de Ali Davies, una consultora independiente que vive en Canadá. Originaria de Inglaterra, Ali tuvo una empresa exitosa durante 14 años, pero "llegando al décimo año, comencé a sentirme inquieta y frustrada", me comentó ella. "Yo sabía que quería hacer otra cosa, pero insistía en autoconvencerme de que tenía que continuar con mi empresa. Después de todo, tenía 'éxito' en ella y sentía miedo de lo que pudiera significar para mi imagen ante los demás si cambiaba mi definición convencional de éxito y aquel terminara siendo un cambio 'equivocado'".

Así las cosas, Ali terminó quedándose en su carrera corporativa durante otros cuatro años, antes de que ella "al fin, comenzara a hacerme las preguntas que en verdad necesitaba hacerme". Y agregó: "A veces, si no somos lo suficientemente fuertes para analizar qué nos está pasando en nuestra vida profesional o personal, las historias que nos contamos a nosotros mismos al respecto terminan por frenarnos".

Rebecca Zucker conoce muy bien ese sentimiento. A pesar de estar recién egresada de la Escuela de Negocios de Stanford, el hecho de trabajar para Goldman Sachs representaba para ella un excelente currículum. "Paribas en París [BNP] estaba interesada en hacerme una entrevista laboral", comenta ella. "Recuerdo haberle dicho al director de M&A que lo único que quería hacer era estar en M&A, cuando lo que en realidad quería hacer era llorar", recuerda Rebecca. "De modo que él me programó 10 entrevistas más que yo tuve que seguir presentando".

Muy a menudo, identificamos ciertos parámetros que nos funcionaron en el pasado o que *deberían* funcionarnos en el presente e incluso de lo que *deberíamos* querer hacer —y nos ceñimos a ellos a toda costa, aun cuando nos hacen sentir miserables—. Rebecca había tenido una revelación con respecto a su trabajo: "Me importaba una mierda el trabajo que tenía. Lo único que sabía era que lo que más quería era estar en París". Quienes somos realmente, o lo que en verdad queremos ser, suele parecernos obvio al mirarlo en retrospectiva. Pero, como seres humanos en medio de una sociedad que adora el hecho de estar ocupados, no siempre es fácil aprovechar la posibilidad de saber a ciencia cierta lo que estamos añorando hacer o tener.

En 1971, Herbert Simon, profesor de informática y sicología en Carnegie Mellon, hizo la siguiente predicción: "En un mundo rico en información, esa misma riqueza de la información es generadora de una escasez de algo más… y es la falta de atención de aquellos a quienes esta va dirigida"[9]. La solución era clara: "Enfocar esa atención del modo más eficiente posible entre la sobreabundancia de fuentes de información que podrían consumirla". En otras palabras, tenemos que ser inteligentes respecto a qué nos enfocamos.

Simón estaba hablando de este tema 25 años antes del internet —en su forma rudimentaria, se refería al acceso vía telefónica—, cuando este entró en la vida de la mayoría de los estadounidenses. Y ahora, un cuarto de siglo después, nos damos cuenta de cuán cierto es el hecho de que nos resulta difícil enfocar nuestra atención. Vivimos en un mundo donde el señuelo del pensamiento a corto plazo —concentrados, con la cabeza baja y *haciendo* una y otra cosa—, está omnipresente. Nuestros lugares de trabajo nos empujan hacia esta forma de pensar y, con bastante frecuencia, también lo hace nuestra propia mente.

Los líderes corporativos a nivel sénior son casi unánimes al opinar que la implementación del modelo estratégico de pensamiento a largo plazo es crucial. (¿Cuándo fue la última vez que el 97% de la gente estuvo de acuerdo en algo?) Entonces, si estamos *de acuerdo* con esa premisa, ¿por dónde empezamos?

CAMBIANDO NUESTRA PERSPECTIVA

Comencemos con una queja de Derek Sivers.

Sivers comenzó su carrera como músico y se transformó en emprendedor cuando creó su propia compañía de música en línea, llamada CD Baby, la cual él vendió con mucho éxito en 2008. Y a diferencia de muchos emprendedores que se lanzan de cabeza a abrir otra empresa *startup* o a hacer una inversión ángel, Sivers tomó un camino diferente, mudándose al extranjero (Singapur, Nueva Zelanda, Oxford, Inglaterra) con el fin de dedicarse a escribir la mayor parte de su tiempo.

Para él, estar ocupado no es una señal de estatus: es una señal de servidumbre. "Tengo una impresión muy negativa del tipo de individuo estereotipado que siempre está agotado y enloquecido, diciéndole a todo el mundo, '¡Dios mío, estoy tan ocupado!'", me dijo. "Esta clase de gente parece fuera de control, sin manejo alguno de su propia vida. He conocido algunas personas exitosas que son tranquilas, serenas, despreocupadas y te prestan toda su atención. Parecen tenerlo todo bajo control. Yo también prefiero ser así".

Cambiar nuestra perspectiva sobre la gente a la que admiramos es un poderoso primer paso. Pero es un hecho aun cuando respetamos a esas personas que ejercen total discreción sobre su ocupada agenda de trabajo y a pesar de eso cuentan con mucho tiempo para lo más importante, no significa que sea fácil convertirnos de la noche a la mañana en una de ellas.

Es probable que hasta el profesional con menos contactos reciba más solicitudes de las que él mismo puede manejar en una semana (invitaciones para ir a almorzar, cenar, videollamadas, reuniones de proyectos, sesiones de actualización, de "lluvias de ideas" peticiones, dar y pedir consejos, hacer presentaciones y mucho más). Para algunos, decir no es obligatorio: no puedes incluir en tu agenda todo lo que se te presente. Sin embargo, decirle no a todo, o a casi todo, con el fin de tener espacios en blanco en tu calendario resulta… casi imposible. ¿Qué tal lastimes los sentimientos de otras personas? ¿Y qué tal si llegas a perder buenas oportunidades por decir no?

No es fácil decir no. Por esa razón, la totalidad del siguiente capítulo te mostrará cómo aprender a decirlo, incluso a buenas oportunidades. La clave es esta: si veneramos el hecho de estar ocupados, hasta de manera inconsciente, tomaremos decisiones que nos lleven en esa dirección. Más bien, lo que sí es crucial es enfocarnos en aclarar qué queremos hacer y lograr. Y si ejercemos un verdadero dominio sobre nuestro horario y sobre nuestra capacidad para planificar y pensar en todo lo que implica sacar adelante nuestros anhelos, entonces, levantémonos, demos un paso al frente y seamos lo suficientemente valientes para elegir en consecuencia.

Eso fue lo que hizo Dave Crenshaw.

PLANIFICANDO TUS PRIORIDADES

"No crecí en el que se pudiera definir como un gran ambiente", me dijo Dave. "Por eso, quería ofrecerles algo diferente a mis hijos". Él sabía eso desde cuando estaba en la universidad, hace más de 20 años. Dave recuerda una clase en la que su profesor les pidió a los presentes escribir la visión que cada uno tenía sobre su vida. El sueño de Dave era ganar "una cantidad de dinero que, en ese momento, yo pensaba era mucha, pero estaba dispuesto a ganármela, trabajando 40 horas o menos a la semana". Los otros estudiantes podían opinar sobre los planes de sus compañeros. Entonces, uno le dijo: "Eso no es ser realista. Para ganar esa cantidad de dinero vas a tener que trabajar muchas horas y sacrificar a tu familia".

Dave juró demostrar que su compañero estaba equivocado. Hoy, es autor y experto en gestión del tiempo y también en el tema de la productividad. Dave trabaja alrededor de unas 30 horas a la semana y se toma cada julio y cada diciembre para ir de vacaciones con su esposa y sus hijos. Además, se aseguró de no construir un negocio con un ritmo frenético que después lo llevara a tratar de encontrar la forma de pasar tiempo en familia así fuera por escasos momentos. Más bien, desde un comienzo, él se enfocó en construir sistemas y ciertas estructuras basados en la cantidad de tiempo que él planeaba pasar con los suyos.

"La persona promedio está rodeada de montañas de ineficiencia a lo largo de su día. Me refiero a que hay muchas cosas que la gente está dispuesta a soportar y ni siquiera se da cuenta de que es así, porque es gente que se ha dado el permiso de trabajar todo el tiempo que sea necesario", afirma Dave. "Cuando te das ese permiso de trabajar muchas horas y lo haces de manera constante, estás permitiendo que muchas cosas pequeñas e ineficaces surjan por todas partes en tu vida".

Por el contrario, cuando comienzas a implementar parámetros como: "Voy a tomarme todo el mes de julio" o "Voy a terminar el trabajo a las 6:00 en punto cada tarde", te obligas a ser creativo en cuanto a los sistemas que desarrollas y te es más fácil detectar ciertas ineficiencias que te rodean, ya sea que se traten de una computadora de funcionamiento lento o de un sistema de programación inadecuado —debido a que no puedes permitirte el lujo de parar, ni de perder tiempo—. De modo que te ves obligado a hacerte preguntas cuyas respuestas te ponen en un contexto más amplio:

- ¿Es esto lo que debería estar haciendo?

- ¿Sería más productivo delegárselo a alguien o simplemente dejar de hacerlo?

- ¿Dónde debo enfocar mi mejor esfuerzo y así obtener el mejor resultado?

- Si hoy comenzara de cero, ¿seguiría optando por invertir en este proyecto?

Así como el poeta que decide escribir regido por la estructura de lo que debe ser un soneto, tú también necesitas aprender a aprovechar todas las que consideres delimitaciones positivas, porque te sirven para mejorar y ser más agudo y preciso en lo que hagas. Hoy en día, cuando se trata de programar sus actividades, muchas personas también han adoptado el modo de pensamiento mágico, pues han dicho que sí con demasiada frecuencia, porque ese sí pareciera darles la esperanza de poder hacer todo a lo cual se están comprometiendo. En esos casos, lo que les va quedando por el camino son colegas decepcionados y la sensación interminable de siempre estar atrasadas en todos sus compromisos.

"Lo más importante es quitarnos el hábito de operar, basándonos en una lista de tareas pendientes", afirma Dave. "Porque una lista de cosas por hacer termina siendo algo así como, 'Bueno, pongamos todo esto aquí y lo iremos haciendo'. Así es como terminas creando una lista de pendientes que después no tienes forma de realizar, ni de mantener al día".

La gente presiona a Dave todo el tiempo para que revele cuál es su aplicación favorita en cuanto a productividad. Su respuesta siempre decepciona a quienes se lo preguntan: "Un calendario. Lo primero que necesitas es determinar qué es lo más importante que tienes que hacer y luego programarlo a la mayor brevedad posible en tu calendario", afirma. "Lo que sea menos importante, lo programas mucho después. Lo que no es importante en ningún aspecto, no lo programas nunca. Te deshaces de eso para siempre o lo delegas. Te rehúsas a hacerlo. Si empiezas a operar desde tu calendario en lugar de basarte en una lista de tareas pendientes, recuperarás el control de tu día a día".

¿Será productiva la búsqueda de la mejor versión posible de la que podría llamarse la dieta perfecta? ¿Será Keto? ¿Atkins? ¿South Beach? ¿Hacer ayuno intermitente? De hecho, solo es cuestión de comer menos.

A casi nadie le gustan los resultados del cortoplacismo que vemos a nuestro alrededor: el frenesí implacable en el ritmo de trabajo, la rueda de hámster sin fin, la persecución incansable de objetivos que a veces ni son los correctos. No hay duda de que se requiere de fortaleza para ir en contra de esta cultura imperante. Tanto de fortaleza interna, porque tenemos que enfrentarnos a autocuestionamientos incómodos sobre quiénes somos y qué queremos realmente, y también de fortaleza externa, porque tenemos que tratar con jefes, compañeros y clientes acostumbrados a medir la productividad, basándose en el volumen de trabajo que hacemos y en la cantidad de tiempo que permanecemos en nuestro lugar de trabajo.

Por lo tanto, tenemos que estar dispuestos a tomar decisiones. Y, a un nivel muy básico, tenemos que, primero que todo, debemos creer que el cambio es posible.

Hace años, conocí a David Allen, autor de *Getting Things Done*, la famosa guía de productividad. Cuando lo entrevisté para mi libro *Stand Out*, él me compartió una idea bastante interesante. "Tú no necesitas tiempo para tener una buena idea. Lo que necesitas es espacio, pues no puedes pensar apropiadamente si no tienes espacio en tu mente. No se requiere de tiempo para tener una idea innovadora, ni para tomar una decisión, pero si no tienes espacio mental, tus ideas no necesariamente serán imposibles de convertir en realidad, pero te aseguro que no serán las más óptimas".

No es que necesites reservar cientos de horas para tener espacios prolongados y dedicarte a ejercitar el pensamiento estratégico. Tampoco es necesario que te vayas a un retiro monástico, ni que alquilar una casa de campo en Toscana. Lo que sí es indudable es que necesitas espacio mental y un poco de tiempo para pensar.

Para convertirte en un mejor pensador, más agudo y más estratégico, necesitas hacer es eliminar todo aquello que no sea esencial en tu vida. La cuestión es que, en un mundo de incesantes solicitudes —y de algunas oportunidades maravillosas que se quedan enterradas en medio de la escoria—, ¿por dónde empezamos a hacer esa limpieza? A eso pasaremos a continuación.

Recuerda:

- Por supuesto que estás ocupado. Pero los estudios muestran que lucir ocupado también tiende a ser una forma de elevar tu estatus social ("¡Soy importante!") o de eludir preguntas incómodas. A veces, inconscientemente, nos hacemos esto a nosotros mismos.

- Piensa en la posibilidad de replantear lo que en verdad significa que las personas estén ocupadas. Cuanto menos lo veamos como "tienen demanda" y más como "ni siquiera tienen control sobre sus propios horarios", menos atractivo será el hecho de que la gente se mantenga tan ocupada.

- Programa y establece límites en torno a tus verdaderas prioridades. En teoría, procura expandir tu horario de trabajo de tal modo que ocupes tu tiempo disponible para ello —así, pondrás límites firmes en cuanto al uso de tu tiempo.

Capítulo 2
APRENDE A DECIR NO (INCLUSO A PROPUESTAS INTERESANTES)

Me llegó un correo electrónico de una amiga muy especial a quien no veía desde hacía algún tiempo. Decía: "Lamento que no nos hayamos visto desde hace tiempo". Ella quería era hacerme una propuesta.

Mi amiga era miembro de "una sociedad de emprendedores a la cual puedes pertenecer solo por invitación. Somos un grupo de diseñadores, desarrolladores, estrategas digitales y expertos en relaciones públicas que nos reunimos cada año para aprender cómo administrar mejor nuestros negocios", me explicó en su correo. El caso era que la próxima reunión anual se llevaría a cabo en Gran Caimán y ellos querían que yo fuera su invitada especial. El señuelo era perfecto: se trataba de una magnífica oportunidad para ver a mi buena amiga y a la vez sostener conversaciones interesantes con emprendedores geniales ¡y de conseguir un viaje gratis a un resort a la orilla de la playa!

Todo sonaba muy bien, sin embargo, no sabía qué… pero algo me inquietaba. Por supuesto que quería decir que sí, pero una parte de mí sabía que debía pensarlo *muy bien* antes de responder.

Todo el tiempo, nos enfrentamos a situaciones como estas. Recibimos invitaciones a eventos profesionales, a tomar un café para conocer a alguien que parece interesante, a hacer esas llamadas telefónicas para ponernos al día con nuestras amistades o para recibir solicitudes como la de asesorar al amigo de uno de nuestros amigos o a alguien que estuvo presente en una de nuestras reuniones o conferencias. Al principio, es deslumbrante. Recuerdo que, cuando comencé mi carrera, solía sentirme emocionada cada vez que alguien me contactaba; para mí, esa era la validación de que yo era alguien con quien valía la pena relacionarse. Entonces, acordábamos el momento y el lugar que fueran convenientes para todas esas personas que me mostraban su interés en contactarme y atravesaba con gusto la ciudad con tal de llegar a los Starbucks de sus localidades. Charlábamos durante una hora (nunca se me ocurría seguir una agenda clara) y luego regresaba a casa. Pero, entre lo que tenía que caminar para llegar al metro, junto con los retrasos habituales, tardaba 45 minutos para llegar al punto de encuentro y otros 45 para regresar a mi casa. En eso, se me iba la mitad del día —y sin embargo, no dejaba de preguntarme por qué no estaba progresando como debía, ni ganando el dinero que quería.

Así las cosas, comencé a ser más selectiva. Tuve que serlo porque, si seguía aceptando todas las solicitudes que me hacían, lo más probable es que la mitad de todos mis días se me habrían ido en ellas y mis horarios habrían sido tan inestables como un vaso de gelatina en contra de las olas. Entonces, a medida que mi estatus se elevaba (y, siendo sincera, también mi respeto por mí misma), decidí hacer ciertos ajustes en cuanto a mis procedimientos:

- Por nada del mundo afectaría mi horario con tal de ajustarlo al de los demás, así respondería a las solicitudes que recibiera solo en los horarios que me convinieran.

- Les pedía a los interesados que vinieran a un lugar cercano a mí o escogíamos un momento en el que yo fuera a estar en su vecindario.

- Dejaría de aceptar conocer gente "solo porque sí". En los primeros días de tu carrera, cuando no conoces a nadie, ese es un buen punto de partida. Después, tendrás que ser más selectivo, por tanto, solo me reunía con personas que tuvieran una conexión profesional relevante o que parecieran genuinamente interesantes.

Esas modificaciones me ayudaron a controlar mi horario un poco mejor. Sin embargo, con el tiempo, la calidad de las solicitudes siguió mejorando —lo cual significó un buen problema, pues me resultaba más difícil decir que no—. Por supuesto, rechazaba las llamadas telefónicas de extraños al azar. Pero, ¿qué haría con las llamadas telefónicas del amigo de un amigo? ¿O con la invitación a estar en el podcast de alguien y alcanzar así mayor exposición al público? ¿O con la oferta para dirigir un webinar organizado por una asociación profesional durante el cual habría compradores a lo largo de la sesión?

Ante todos estos interrogantes, decidí desarrollar criterios más estrictos sobre los cuales fuera coherente afrontar también ese tipo de situaciones. Por ejemplo, *solo haría podcasts durante el proceso de lanzamiento de mis libros y solo realizaría seminarios web que fueran pagos, a menos que se tratara de una causa noble*. Pero, al igual que a la hidra cuando le van creciendo nuevas cabezas, me seguían llegando solicitudes. De modo que, invitaciones a las que les habría dado un sí inmediato hace tres años, e incluso el año pasado, ahora las analizaba con calma: *¿tendría el tiempo necesario para hacer eso? ¿Cómo lo ajustaría a mi agenda? ¿Valdría la pena hacerlo?*

Ahora, retomemos lo de la invitación de mi amiga para participar en su reunión en Grand Caimán. Decir que no es el arma efectiva en la batalla para convertirte en un pensador a largo plazo —y hacerlo es toda una lucha—. En el momento, decir "sí" es fácil, por unas cuantas razones:

- No queremos decepcionar, ni defraudar a los demás. (¡Ella contaba conmigo!).

- Nos preocupan los juicios negativos que otros hagan acerca de nosotros. (¿Pensará ella que creo que soy demasiado importante como para perder el tiempo, aceptando su invitación?).

- No queremos tener conversaciones difíciles y es más rápido evitarlas, diciendo que sí de inmediato. (¿Cómo le digo que no?).

- Nos gusta sentir que somos importantes y que nos necesitan. (¡El voto para invitarme fue unánime!).

- Estamos plagados de EMAPA: el miedo a perdernos algo. (¿Qué pasa si después me entero de que la pasaron de maravilla? ¿Y qué tal que me pierda de la oportunidad de conectarme con el próximo Elon Musk?).

Durante mucho tiempo, podemos salirnos con la nuestra, sin tener que decirle no a nada. Porque, seamos honestos: al principio de nuestra carrera, no muchas personas hacen fila para hablar con nosotros, así que disponemos de un buen margen de tiempo para atender a más solicitudes. Pero, si estás haciendo las cosas bien, notarás que, a medida que vas adquiriendo experiencia, la demanda de la gente que está interesada en contactarte aumenta. Y lo que comenzó como algo inteligente de hacer —decirle sí a todo tipo de oportunidades y ver hacia dónde te conducían— se convierte en una gran responsabilidad. Entonces, tenemos que adaptarnos y volvernos mucho más selectivos.

Como verás, por infinidad de razones, la gente se resiste a decir no. Es así como tu agenda no se llena de la noche a la mañana, sino que, como la proverbial rana hirviendo hasta morir en el agua, apenas sí notas que está subiendo la temperatura a tu alrededor. Sin embargo, para la mayoría de los profesionales, este hábito de decir que "sí" termina convirtiéndose en ese horario cada vez más caótico al que tanto le temernos.

La mayoría de nosotros estamos desesperados por tener más tiempo para pensar o la suerte de encontrar unos momentos para quedarnos un poco más a disfrutar de una buena conversación o para analizar ciertas interacciones. El hecho es que rara vez lo encontramos. "Solo observa tu calendario", me dijo John Hagel, de Center for the Edge, en Deloitte. "¿Qué tan atiborrado estás de cosas por hacer? ¿Tienes reuniones de desayuno, durante todo el día y cierras con reuniones nocturnas? No tienes mayores posibilidades de contar con algo de tiempo disponible a menos que suene una alarma de incendio y tengas que salir a la calle".

Como señaló el académico británico C. Northcote Parkinson: "El trabajo se expande de tal modo que termina abarcando el tiempo que tenías disponible para ti, pues decidiste finalizarlo"[1]. La lógica es inexorable: si tienes tiempo libre en tu calendario, a menos que lo guardes con total reserva, *será devorado* por alguna ocupación.

Nadie quiere vivir de esa manera. Sin embargo, lo hacemos porque, cuanto más éxito tenemos, más nos invaden las oportunidades; de modo que, a corto plazo, decir que sí es la forma más rápida que tenemos de enfrentarnos a ellas. Llenamos nuestros horarios hasta el tope y después estamos preguntándonos por qué no tenemos el suficiente ancho de banda, ni la capacidad de pensar más allá de lo que vamos a hacer al día siguiente o en la próxima reunión.

Entonces, ¿qué nos corresponde hacer para tomar decisiones difíciles, decir no y crear las condiciones que nos permitan llevar el estilo de vida que *realmente* queremos?

QUE TU SÍ SEA SENTIDO... DE LO CONTRARIO, DI... ¡NO!

Derek Sivers, el emprendedor al cual me referí en el Capítulo 1, decidió evitar construir un negocio que le significara un ajetreo "fuera de control", parecido al de tantos profesionales a su alrededor.

Hace años, Derek recibió un consejo de un amigo suyo: "Cuando estés decidiendo si emprender una meta o no, si sientes algo menos que '¡Guau! ¡Eso sería extraordinario! ¡Absolutamente mágico! ¡Por supuesto que sí lo haré!', entonces di 'no'"[2]. Estos dos extremos pueden sonar radicales, pero es que lo son. Como Sivers me dijo: "¡Soy demasiado bueno en eso de decirle que no a casi todo! Quizá, sea un error, pero, como resultado, mi vida es bastante simple y fácil de llevar". A eso se debe que Derek pase la mayor parte del día concentrado en proyectos que son realmente significativos para él.

Sin embargo, su mantra apunta al problema crucial. Muchos profesionales experimentados nos hemos ido volviendo bastante buenos para decirles no a propuestas poco y nada interesantes ("¿Me ayudarías a corregir mi tesis antes del jueves y de forma gratuita?"). También somos lo suficientemente inteligentes como para saber identificar y aprovechar grandes propuestas cuando estas se presentan ("¿Aceptarías un ascenso en tu cargo y un aumento salarial de $50.000 dólares?").

El problema surge más que todo cuando hay a la vista oportunidades que no son tan malas, ni tan excelentes, sino que tienen aspectos positivos, pero también unos cuantos negativos que son importantes de sopesar y tener en cuenta. Por ejemplo, asistir a un evento al que un amigo te invitó, pero que te parece tedioso; también podría tratarse de hacer una charla gratis, pero a la cual asistirán contactos que te interesa establecer; otras veces, es aceptar hacer una entrevista informativa con un amigo de tu primo, porque es posible que algún día necesites un favor de cualquiera de ellos dos.

Ahí es donde nos metemos en problemas. Y ahí es donde decir "claro que sí lo haré o definitivamente no" puede salvarnos, obligándonos a elegir. Una propuesta que te haga sentir menos que un 9/10 en tu escala de emociones es decididamente un "no" —e incluso hay ocasiones en que también le dirás no a una cuyo nivel de interés te parezca 10/10.

Así que, en cuanto a la propuesta de mi amiga, hice acopio de todo mi valor. Me tomó un poco de tiempo analizar cuáles eran mis preocupaciones con respecto al viaje a Gran Caimán y logré identificarlas con total claridad: en teoría, yo *podría* hacer que el viaje funcionara, pero la programación de mis viajes durante la primavera ya estaba tan atiborrada de compromisos que sabía que estaría agotada y no disfrutaría plenamente del hecho de estar allí con ella y sus colegas. Además, su organización estaba acostumbrada a hacer presentaciones dirigidas por sus miembros, lo que significaba que no había presupuesto para conferencistas. A lo mejor, me pagarían el vuelo y el hotel, pero yo estaría aportando mi conferencia en la modalidad de *pro bono*. No había duda de que la oportunidad de ver a mi amiga y de recibir un poco de sol sonaba atractiva. ¿Pero hacer ese viaje a sabiendas de que estaría agotada y además sin un ingreso monetario de por medio? Tal vez, sería mucho mejor reunirme con ella e ir a cenar juntas. De manera que, así las cosas, le respondí:

Muchas gracias por tan amable invitación a hablar con tu grupo en Gran Caimán. Sin duda, es una oportunidad bastante interesante y divertida, pero lamento tener que dejarla pasar. Anoche, después de tomarme el tiempo necesario para revisar mi agenda una y otra vez, vi que estaré de viaje casi todo el tiempo a partir de febrero y hasta abril, así que necesito estar en forma para poder mantener el ritmo de todos estos viajes que me esperan.

Mi propósito para este año es ser lo más precisa posible al evaluar lo que me representa cada oportunidad que se me presenta en lugar de decirles que sí a todas. Esta que me ofreces suena bastante increíble y sinceramente aprecio el hecho de que me hayas tenido en cuenta. He estado pensando que, si puedo ser útil de otra manera (por ejemplo, haciendo un seminario web para tu grupo), estaría muy contenta de colaborarte.

Hice una mueca de desagrado cuando presioné la tecla Enviar. Odio tener que decir que no, pero lo hice.

ACLARA TU ESTRELLA POLAR

Terry Rice era un experto en marketing digital. Había trabajado para empresas como Facebook, Adobe y otras. Así que no era de extrañar que sus habilidades estuvieran en demanda. Entonces, me dijo: "Cuando comencé mi negocio de consultoría, un cliente me ofreció un anticipo de $20.000 dólares al mes". Semejante propuesta sonaba al trabajo de ensueño de cualquier consultor nuevo en su campo.

Pero no era tan así.

Ese nuevo contrato "me habría obligado a viajar desde Brooklyn hasta Long Island todos los días", recuerda él, lo cual puede tomar varias horas, dependiendo del tráfico. "La principal razón por la que comencé mi empresa fue para pasar más tiempo con mi familia, pero, con este cliente, rara vez habría visto a mi hija. Fuera de eso, no estaba muy entusiasmado con respecto al proyecto en el que estaría trabajando. Y dadas las limitaciones de tiempo, tampoco habría podido trabajar en otros proyectos que *sí* me apasionaban en ese momento".

Terry hizo algo que muchos de nosotros deberíamos hacer: identificó cuáles eran esos valores esenciales que él quería utilizar para evaluar las oportunidades que surgieran en su camino. En su caso, no era el dinero (si lo hubiera sido, habría dicho que sí al instante). Lo que sí era prioritario para él era el tiempo de compartir con su familia, junto con la posibilidad de trabajar en temas y en proyectos interesantes. Tener claridad en esto le permitió tener la determinación necesaria para mantenerse firme. "La misma empresa siguió contactándome durante un año. A veces, era todo un desafío decirles que no, sobre todo, durante los meses lentos, pero me alegro de haber seguido rechazando su propuesta", comentó Terry.

Mary van de Wiel pasó por un ejercicio similar cuando una agencia de publicidad se ofreció a comprarle su firma de *branding* y diseño en Sydney, Australia. ¿Y cuál fue su Estrella del Norte? El valor que ella le da a su autonomía. "Hablé con dos agencias que ya se habían convertido en parte del programa de adquisiciones a nivel global de esta agencia de publicidad ¿y cuáles fueron las referencias que recibí? Que ya no tendría libertad, ni autonomía en mi empresa. Además, estaba planeando abrir una oficina en Nueva York, lo cual hice en el año 2000, y este proyecto no habría sido aprobado" por la agencia nodriza. Después de más de 20 años, Mary está convencida de que aquel fue el movimiento correcto. Con el tiempo, terminó vendiéndole su empresa a otro postor y en sus propios términos.

A veces, las decisiones que tomamos no están guiadas por nuestro *statu quo*, sino pensando en quién queremos convertirnos. Ese fue el caso de Tom Waterhouse.

Era el otoño de 2007. Tom, ejecutivo en ese entonces de una empresa de gestión patrimonial, acababa de recibir la propuesta de desempeñarse en el cargo de sus sueños: jefe de operaciones de la oficina de Singapur. "En ese momento, aquel era el cargo que todos en la empresa anhelábamos ocupar", recuerda. "Había planes muy interesantes para poner en marcha esa oficina, junto con un presupuesto enorme para implementarlos. Me encantaba Singapur, pues ya había trabajado allí en varios proyectos. Además, me llevaba de maravilla con la gente con la que iba a estar trabajando".

El hecho es que Tom comenzaría a trabajar allá en febrero, pero antes de eso, se dirigiría a su casa en Inglaterra para pasar la Navidad con su familia. Tom continuó su relato: "Un día, mi madre me dijo: 'Todo el mundo está muy emocionado, porque te vas a ir a vivir a Singapur, excepto tú. ¿Estoy en lo cierto?'. Lo estaba, por supuesto".

El 3 de enero, su primer día después de las vacaciones, Tom hizo la que él considera como "una de las llamadas telefónicas más difíciles que he tenido hacer". Le dijo al CEO en Singapur que había cambiado de opinión. Tom todavía recuerda esa agonizante conversación. "Fue como una llamada de ruptura. Le dije que no era él, que era yo. Colgué el teléfono y él me llamó a los 15 minutos y me dijo: 'No comprendo. ¿Hice algo mal?'".

No fue más fácil decirle eso al socio gerente de la empresa, quién concluyó que Tom había "traicionado" a la empresa y que, por esa razón, ya no podía confiar en él. "El gerente cumplió su palabra", dice Tom. "Pasé más de un año en el purgatorio hasta que al fin él volvió a darme la bienvenida al redil una vez más".

Cuando decimos que no, nos obligamos a nosotros mismos a preguntarnos: *¿Por qué tengo que pasar por tanta angustia? ¿Estaré siendo un idiota al rechazar una oportunidad tan codiciada como esta? ¿Por qué he de arriesgarme a provocar la ira de mis amigos y colegas?*

Sin embargo, para Tom era muy claro lo que debía hacer: "En ese momento, yo tenía 42 años y todavía soñaba con tener una familia y ver crecer a mis hijos, jugando a mi alrededor. Ya tengo un hijo adulto, pero su madre y yo nos separamos cuando él tenía apenas dos años y ella se lo llevó a vivir a otro país. De manera que yo sabía que, si aceptaba el trabajo en Singapur, este me consumiría y no estaría maximizando las posibilidades de encontrar a la pareja ideal para mí".

Tom, a diferencia de Terry Rice, no estaba eligiendo dedicarle más tiempo a su familia. Ni siquiera tenía esposa e hijos todavía, pero él sabía que aceptar aquella magnífica oportunidad en Singapur significaba disminuir en gran manera la posibilidad de que eso ocurriera, así que no quiso correr el riesgo.

En la vida, no sabemos qué va a pasar, ni cómo ocurrirán las cosas. Pero, si se trata de algo importante, entonces, tenemos que intentar que eso ocurra sea como sea.

Dos años después de que Tom rechazó esa asignación, "y mientras comenzaba a resignarme a la idea de que mi sueño nunca se haría realidad", conoció a la mujer que después se convirtió en su esposa y en la madre de sus dos hijos.

DECIDE EN QUÉ SER MALO

Seamos claros: a nadie le gusta ser malo en nada.

Por supuesto, hay áreas de acción sobre las cuales nunca hemos estudiado ("Yo no sabría ni por dónde empezar en nada que tuviera que ver con la ingeniería eléctrica") e incluso somos incapaces frente a ciertas áreas y estas incapacidades han terminado por convertirse en parte de nuestra identidad ("Soy pésima en los deportes"). Pero, si hablamos de las competencias básicas que se requieren en nuestro campo de acción específico, nadie quiere ser malo en ellas —y ni siquiera mediocre—. Es como el equivalente en los negocios al "Efecto del lago Wobegon", según el cual todos los niños de la ciudad están, supuestamente, por encima del promedio.

Ese es el fenómeno sobre el cual se enfocaron Frances Frei y Anne Morriss en su libro *Uncommon Service*. Primero, conocí a Frances, una profesora de la Escuela de Negocios de Harvard. A Anne, una gran emprendedora, la conocí hace casi una década, cuando las entrevisté para hablar sobre el libro de *Forbes*. Su enfoque estaba puesto en el servicio al cliente, sobre todo, en el comercio minorista. Ellas se enfocaron en tratar de entender por qué tan pocas empresas estaban siendo tan sobresalientes y muchas otras no lo eran… tanto.

Muy pronto, la respuesta a su interrogante se hizo evidente. Resultó que muchas empresas no querían perder a sus clientes potenciales, de modo que intentaban serlo todo para todos. Sin embargo, todos sabemos que ese modo de trabajar no funciona, pero aun así estas empresas no podían resistir la tentación de hacer exactamente lo mismo que estaban haciendo todas las demás. Lideradas por ejecutivos inteligentes y altamente remunerados, no lograban ejecutar el elemento más básico de la estrategia: hacer elecciones. Por su parte, resultó que, paradójicamente, las empresas más exitosas eran aquellas que no tenían miedo de *elegir en qué ser malas*.

A todas las empresas les encantaría ser excelentes en A, B y C a la vez. Sin embargo, así no funcionan las cosas. Si vas a ser bueno en algo, eso tiene un precio. A lo que la mayoría de las empresas se estaba negando era a aceptar que, para ser bueno en una cosa, tienes que estar dispuesto a ser malo en otras cosas.

Por ejemplo, a todos los bancos les encantaría permanecer abiertos hasta más tarde, dado que esa extensión de horario sería bastante conveniente para sus clientes. Entonces, ¿por qué no lo hacen? Simple: porque hacerlo cuesta dinero y ningún banco quiere gastárselo en algo como eso. Pero hubo un banco al cual se refirieron en su libro Frances y Anne, Commerce Bank, el cual hizo todo lo posible para lograr ofrecer sus servicios durante los siete días de la semana, manteniéndose abierto hasta las 8 p.m. entre semana. ¿Cómo se las arregló este banco para costear ese servicio cuando nadie más podía hacerlo?

El banco tomó la decisión deliberada de ofrecer tasas de depósito *abismales*. Por supuesto, si les preguntaras a los clientes: "¿Le gustaría que le cobraran una enorme cantidad de intereses por el manejo de su cuenta?", la respuesta sería más que obvia: ¡No! Sin embargo, para los clientes específicos que atendía ese banco en aquel momento, el pago de esos intereses no les significaba una gran preocupación. Para ellos, la posibilidad de entrar al banco después de su jornada laboral marcaba una gran diferencia en su vida.

Como señalan Frances y Anne: "Tu única opción para alcanzar la grandeza es elegir ser malo. Y resistirse a serlo es una receta para la mediocridad"[3]. Al leer su libro, repleto de estudios de casos de bancos y aerolíneas, me di cuenta de lo siguiente: este mismo principio aplica a nuestra vida, pues también a menudo tenemos miedo de tomar decisiones, de decir que no y de cerrar algunas puertas para así tener espacio para abrir otras.

Las consecuencias, aunque a menudo invisibles para nosotros, suelen ser terribles. Es tener una agenda tan abarrotada que es frecuente en ti tener que salirte de un evento mucho antes que este termine y aun así llegar tarde al siguiente. Es nunca lograr un verdadero progreso, porque estás moviéndote en medio de un millón de cosas, pulgada tras pulgada y no milla tras milla. Así, siempre estás en "modo reacción", pues vives tan concentrado en lo próximo que necesitas hacer que nunca te queda el tiempo suficiente para parar y crear tu propia agenda.

Decir que sí a todo significa ser mediocre en todo. Por el contrario, decir que no es lo que nos da la poco frecuente oportunidad de desempeñarnos a un nivel óptimo. Sin lugar a duda, esto significa decepcionar a algunas personas: no, no puedo tomarme un café con tu primo, ni dar una charla gratuita, ni echarle un vistazo al borrador de tu tesis de grado. Y lo más seguro es que también signifique que debes ser malo en algunas cosas. Cuando estoy trabajando en alguno de mis libros o en otros proyectos a largo plazo, suelo tener paz frente el hecho de que mi bandeja de entrada se me va a salir de control y acepto que algunas personas van a estar molestas, porque mi tiempo de respuesta será lento en esos momentos. Pero, si queremos lograr una meta, de una forma u otra, tendremos que elegir a favor nuestro.

SOLICITA MÁS INFORMACIÓN

La siguiente herramienta para decir no parece bastante contradictoria: procura obtener más información sobre por qué alguien quiere contactarte. Después de todo, ¿no es esa una posibilidad de encuentro? Sin embargo, el hecho de solicitar información adicional cumple dos funciones poderosas. La primera, que elimina un cierto porcentaje de solicitudes (cerca del 25%), porque algunas personas están tan desorganizadas que, sencillamente, no estarán dispuestas a juntar la información que les pides, ni a ser más específicas.

En segundo lugar, porque te permite tomar decisiones mucho mejores con respecto a dónde, cómo y con qué intensidad deseas ayudarle a alguien específico. La verdad es que muchos, tanto novatos en los negocios como "expertos" son perezosos o no están informados cuando se trata de construir redes de contacto. Solo saben lo que ellos escucharon cuando su consejero de carrera universitaria les dijo que es muy buena idea "invitar a la gente a tomar un café" y "explorarles el cerebro a personas de su interés", y eso es lo que ellos han estado haciendo desde entonces.

A lo mejor, hay quienes tienen una idea vaga de por qué quieren hablar contigo (uno de sus amigos te recomendó por razones poco claras o vieron tu nombre en una lista de exalumnos o en LinkedIn) o un concepto errado de lo que haces o expectativas poco realistas de lo que tú podrías proporcionarles ("¿Podrías presentarme a Jeff Bezos?"). Sería genial si ellos mismos hicieran su propia búsqueda, pero casi nunca la hacen, lo cual significa que tu trabajo es protegerte de todas esas incursiones no deseadas en tu calendario. Tu tiempo es precioso y tu deber es utilizarlo con esto en mente.

Por supuesto, siempre querrás ayudarle a un buen amigo o cliente. También querrás conocer gente fascinante o clientes de alto potencial en tu área de negocios. Pero, para todos los demás, la próxima vez que te sugieran que les "atiendas una llamada" o "tomar un café" sin un motivo claro, es útil que, antes de aceptar cualquier propuesta, les hagas algunas preguntas que te permitan depurar el encuentro, obligando así a los interesados a pensar en qué es en concreto lo que ellos quieren, fuera de encontrarse contigo, desclasificando así a quienes no estén dispuestos a hacer el esfuerzo de tener claridad en cuanto a su propósito de hablar contigo.

Por ejemplo, sería apropiado decir: "Me encantaría ver si puedo serte útil. ¿Me encantaría que me contaras un poco más qué es aquello sobre lo cual te gustaría que habláramos y en qué crees en particular que te sería útil?".

HAZ QUE LOS INTERESADOS TE EXPLIQUEN:

- *De qué les gustaría hablar.* De ese modo, eliminarás la necesidad de muchas conversaciones. Es posible que alguien quiera tu consejo sobre cómo irrumpir en el campo de las relaciones públicas, pero resulta que ese no es tu campo. Entonces, antes de desperdiciar una hora de tu vida, esta es tu oportunidad para explicar que, lamentablemente para esa persona, te especializas en la redacción de discursos y no tienes información útil para compartirle sobre el tema de su interés. O tal vez, sí te desenvuelves en ese campo y escribiste un artículo sobre cómo conseguir un trabajo. Por lo tanto, en lugar de reunirte con el interesado, lo que puedes hacer es enviarle tu artículo para que este le sirva como fuente de información.

- *Cómo creen ellos que podrías ayudarles.* Algunas personas dudan para expresar con claridad sus solicitudes. La mayoría de las veces, porque estas son extravagantes e inapropiadas. (Una vez, fui invitada a cenar a la casa de alguien, solo para descubrir durante el plato de entrada que esa noche su intención era proponerme que invirtiera en su proyecto cinematográfico. Por supuesto, el postre fue muy incómodo). Hacer esta pregunta claramente contribuye a evitar que seamos emboscados y, a veces, te permite redirigir hacia otras fuentes a los interesados en hablar contigo. ("No tengo ninguna conexión en esa empresa, pero te sugiero leer el libro X y Y y consultar en el blog tal").

Quizá, lo más importante en cuanto al paso adicional de solicitar aclaraciones relacionadas con la información que ellos buscan es el hecho de obligarlos a hacer un esfuerzo que la mayoría no está dispuesta a hacer. Así, las personas con las que te reúnas serán las más motivadas y diligentes de todas las que te contacten. A ellas es a las que *vale la pena conocer.*

HAZTE ESTAS PREGUNTAS

A estas alturas, todos hemos descubierto que las listas de verificación funcionan. Si eres un piloto y estás preparándote para embarcarte en un vuelo transatlántico, o un médico preparándote para una cirugía, las listas de verificación son una herramienta extraordinariamente útil para prevenir errores básicos. Incluso si tienes experiencia y talento, todos tenemos días magníficos, buenos, regulares y malos y todos estamos sujetos a cometer errores ocasionales. Por lo tanto, haciendo las preguntas correctas, una y otra vez, obtendremos los mejores resultados.

Sin embargo, cuando se trata de la mayoría de los aspectos de nuestra vida profesional, *no usamos* listas de verificación. Ni siquiera tenemos una. La mayor parte del tiempo, tratamos cada solicitud u oportunidad como un problema único que es necesario examinar y resolver. Como resultado, continuamente, nos estamos preguntando: ¿Debería aceptar esta invitación? ¿Debería estar de acuerdo en escribir ese artículo? ¿Debería asistir a esa reunión?

De ese modo, estamos desperdiciando una valiosa capacidad cognitiva. En lugar de decidirlo todo como si se tratara de un voto de sí o no, tenemos que analizar, observar el panorama general y decidir qué es lo que queremos lograr en nuestra vida y cómo invertir nuestro tiempo lo mejor posible para lograrlo. Las siguientes son cuatro preguntas relacionadas con *coaching* a nivel ejecutivo y las utilizo con mis clientes para ayudarles a pensar en solicitudes, oportunidades y (aparentes) obligaciones.

¿EN QUÉ CONSISTE LA TOTALIDAD DEL COMPROMISO?

Todo el mundo tiene una idea básica de cuánto tardará en llegar a cierta meta. El problema es que ese cálculo suele ser tremendamente inexacto. Parece fácil comprometerte a presentar un seminario web gratuito, porque es solo de una hora. Pero, si sumas las llamadas de planificación, los mensajes que vas a tener que enviar y recibir con respecto al cualquier cosa relacionada con el evento, la creación de las diapositivas que vas a usar y la ejecución del seminario en sí mismo, estás hablando de tres o cuatro horas de trabajo.

Por lo tanto, si con frecuencia subestimas el tiempo y/o el dinero que se requieren en el desarrollo de los proyectos de trabajo de tu empresa en un factor de cuatro, lo más probable es que te quedes sin trabajo. Sin embargo, eso mismo es lo que hacemos todo el tiempo en nuestra propia vida; lo malo es que rara vez reconocemos que tenemos ese problema. De modo que, frente a cada solicitud que recibas, piensa muy bien cada paso que tendrás que dar —incluidas las obligaciones ocultas o no declaradas que implicaría decir que sí— y elabora un plan aproximado de qué es con exactitud en lo que te estás involucrado. Con solo ver eso, te aseguro que terminarás espantado y preferirás decir que no.

¿CUÁL ES EL COSTO DE OPORTUNIDAD?

A menudo, suele parecernos que la primera elección que tenemos a la mano es simple: realizar o no el webinar que nos están solicitando. Pero, en realidad, la cuestión es mucho más compleja.

La verdadera elección es: realizar el webinario o enfocarte en cualquier otra cosa en el mundo que requiera de esas mismas tres o cuatro horas que te tomará hacer la planificación, preparación y ejecución de dicho webinario. Tal vez, sea pasar tiempo con tu familia, hacer ejercicio unas cuantas veces a la semana, tomar lecciones de piano o completar un proyecto de investigación a largo plazo. Lo cierto es que, con demasiada frecuencia, el costo de *no* poder hacer otras cosas permanece invisible. De modo que no hay duda de que, para hacer sabias elecciones con respecto al uso de nuestro tiempo, tenemos que hacer evidente dicho costo, pues solo así podremos tomar decisiones significativas y proactivas, y no simplemente aceptar todo lo que nos ofrezcan.

Si presentar el webinario es el mejor uso que le darás a esas cuatro horas, por supuesto, ¡hazlo! Después de todo, podría tratarse de una conferencia dirigida a una universidad prestigiosa que luego podría ir en tu currículum y aumentaría tu nivel de conocimiento en el tema, junto con tu experiencia. También podría ser para una audiencia tipo C-Suite que estaría dispuesta a acordar contratos multimillonarios con tu empresa. O a lo mejor podría ser para una pequeña audiencia de bajo nivel, pero que te permitirá poner a prueba tu propuesta antes de presentarla en una conferencia con mayor audiencia y de mayor nivel durante la cual no podrías permitirte fracasar. Cualquiera de estas razones sería suficiente para llevar tu webinario a un mayor grado de relevancia.

Pero si dices que sí, porque es más fácil que decir que no, lo más probable es que haya llegado la hora de que reconsideres tu enfoque.

¿CUÁL ES EL COSTO FÍSICO Y EMOCIONAL?

Técnicamente, yo podría haber encajado en el viaje a Gran Caimán. Si he de ser objetiva, mi amiga me estaba invitando con seis meses de anterioridad y mi calendario estaba abierto en esas fechas. Pero, parte de cómo reuní el coraje necesario para decirle que no a esta oferta tan divertida e interesante se debió a que estuve evaluando el costo físico oculto que me generaría esta tentadora invitación. Primero que todo, ya tenía programados mis viajes de negocios justo antes y después de esa fecha, de modo que estaría volando durante varias semanas seguidas. Eso significaba que tendría jet lag, que pasaría tiempo lejos de casa, que estaría cargando con una maleta de aquí para allá, que tendría menos acceso a comida sana por el camino, que mis articulaciones estarían más rígidas, debido a que pasaría demasiado tiempo en los apretados asientos de los aviones y —como sufro de una enfermedad relacionada con el exceso de movimiento— en múltiples viajes nauseabundos en taxi hacia y desde el aeropuerto, rumbo a cada destino. De manera que, tener la imagen completa de lo que implicaba un "sí", me ayudó a entender que esa no sería una buena decisión para mí.

Eso fue lo que le sucedió a Manbir Kaur cuando evaluó cuál sería el costo emocional de la que, a simple vista, parecía una gran oportunidad. Hace más de una década, siendo ejecutiva en India, Manbir recibió una oferta de trabajo. "Se trataba de una organización bastante reconocida que me ofrecía un cargo asombroso con excelente pago", recuerda ella. Pero había un problema. "La organización quería que trabajara en un turno que terminaba muy tarde". Como madre de un niño en edad escolar, las noches para Manbir eran muy valiosas, pues ese era el poco tiempo que ella pasaba con su joven familia, de modo que, al final, rechazó el trabajo, pero ella recuerda: "Siendo una mujer con tantas expectativas sobre mi carrera, fue muy difícil decirle que no a una oportunidad como esa".

En otras palabras, no hay ningún problema en decirles no a oportunidades pésimas y aburridas, pues esas son fáciles de descartar. El problema —bien sea para Manbir, para mí y para la mayoría profesionales— es saber cómo equilibrar las prioridades que entran en discrepancia cuando la oferta es bastante tentadora. Por eso, es tan importante identificar y comprender al máximo cuáles serían los costos ocultos, tanto físicos como emocionales, al decir que sí.

¿ME SENTIRÉ MAL DENTRO DE UN AÑO SI NO HAGO ESTO?

Algunas oportunidades perdidas suelen dolernos en el momento. Por ejemplo, ver en línea las fotos de la fiesta de un amigo y comprobar lo divertido que todos la pasaron, mientras tú estabas ocupado, cumpliendo con una obligación. Sin embargo, lo más probable es que, en unos días, ni te acordarás del asunto. Además, habrá otras celebraciones y, aunque es posible que te hayas perdido de una agradable velada, esta no transformó la vida de ninguno de los invitados.

Pero algunas situaciones son diferentes. Y es por eso que, al evaluar lo que elijas asumir, es importante que te preguntes: ¿Cómo me sentiré después de un año si no hago esto?

Esa fue la pregunta que Su-Yen Wong se hizo hace unos años. En ese momento, ella se desempeñaba como directora ejecutiva de un instituto de liderazgo a nivel nacional en Singapur. Tenía una visión ambiciosa para la organización y "todavía no había culminado mi labor allí", dice ella. Entonces, a su padre le diagnosticaron cáncer en etapa cuatro. "Los doctores dijeron que el desenlace fatal era cuestión de meses", recuerda Su-Yen.

Cualquier crisis de salud genera incertidumbre. Pero en su caso, ella comprendió que, si su padre fallecía en un futuro cercano, ella siempre lamentaría no haber tenido la oportunidad de pasar más tiempo con él. Así que, a pesar de amar su trabajo, tomó la difícil decisión de dejarlo. "A mi papá le encantaba el arte y, con el paso de los años, había adquirido unas cuantas piezas de arte maravillosas", dice ella. "Finalmente, pasé cuatro meses con él, revisando toda su colección. Esa fue una manera estupenda de pasar tiempo juntos, pues le produjo una gran alegría hasta el final de sus días".

Además, Su-Yen le ayudó a hacer un proyecto sobre la herencia que él habría de dejar. "Como él siempre se había enfocado en compartir con otros tanto sus conocimientos como su colección, durante ese tiempo, hasta logró publicar dos libros", recuerda ella. "Antes de su fallecimiento, mi padre tuvo la oportunidad de ver uno de sus libros ya impreso y el otro en prueba digital". Hoy en día, siendo consultora y miembro corporativo de la junta de su empresa, ella mira claramente hacia atrás y concluye: "Desde todo punto de vista, eso era lo correcto".

No sabemos lo que nos depara el futuro y nuestro control sobre él es limitado. Pero, al menos, si ampliamos nuestro horizonte y nos preguntamos cómo nos sentiremos en un año (o cinco o diez) como resultado de nuestras elecciones, tomaremos mejores decisiones.

Limpiar la maleza es esencial para pensar a largo plazo: necesitamos dejar de gastar nuestro tiempo en lo efímero y establecer nuestras propias prioridades. Pero la pregunta crucial sigue siendo esta: en un mundo lleno de tantas opciones, ¿qué es lo mejor en lo que debemos enfocarnos?

Recuerda:

- Al principio de tu carrera, decirles que sí a las solicitudes que recibes es una gran estrategia, porque tienes mucho tiempo disponible y nunca sabes qué conexiones te resultarán valiosas en medio de esas invitaciones. Pero, a medida que avanzas a nivel profesional y estás más ocupado, tienes que empezar a decir que no más a menudo.

- La mayoría de nosotros puede identificar tanto magníficas como pésimas oportunidades. Las medianas son las más difíciles de identificar. Por lo tanto, oblígate a decirle que sí solo a aquello que de verdad te entusiasme.

- Decide en qué ser malo. Recuerda que no puedes hacerlo todo, así que, con el fin de ser genial en un campo de acción específico, acepta que tendrás que ser pésimo en otros. Negarte a tomar esa decisión te conducirá a la mediocridad.

- Una excelente manera de clasificar cuáles son esas solicitudes que requerirán de tu tiempo es pidiéndoles más información a quienes soliciten tu ayuda. Muchos de esos solicitantes ni se molestarán en hacerle seguimiento a lo que les preguntas. De ese modo, descubrirás de inmediato quiénes no han investigado sobre lo que les preguntaste y te será fácil descartar sus solicitudes.

- Estas cuatro preguntas te ayudarán a determinar si vale la pena involucrarte en una propuesta o un proyecto:

    ¿En qué consiste la totalidad del compromiso?

    ¿Cuál es el costo de oportunidad?

    ¿Cuál es el costo físico y emocional?

    ¿Me sentiré mal dentro de un año si no hago esto?

Sección Dos
ENFÓCATE EN LO REALMENTE IMPORTANTE

Ahora que has abierto espacio en tu calendario (y en tu mente) para analizar las nuevas oportunidades que se te presenten, surge una pregunta importante: ¿En qué, exactamente, deberías enfocarte? El juego a largo plazo es genial, pero no siempre es obvio cuáles deberían ser nuestras metas.

¿Cómo podemos decidir y elegir cuáles son nuestras metas correctas? Y una vez que las decidamos, ¿en dónde debemos enfocar nuestro tiempo y nuestra energía con el fin de obtener los mejores resultados?

Eso es lo que veremos a continuación.

Capítulo 3

ESTABLECIENDO LAS METAS CORRECTAS

Casi siempre, el valor más predeterminado en nuestra cultura occidental es el de encontrar formas de amasar una enorme fortuna. Es por eso que tantos estudiantes recién graduados y sin un plan claro en la vida ingresan a las facultades de derecho o de administración de negocios. Y en ausencia de una mejor alternativa, hay quienes se enfocan en formar parte del sector bancario.

Ahora, en lo que respecta al sector empresarial, algunas empresas se centran tanto en conseguir dinero que, para conseguirlo, no lo piensan para tomar atajos o participar en actos cuestionables desde el punto de vista ético. Es un hecho que aquellos que se mentalizan demasiado en engrosar su cuenta bancaria son susceptibles a permitir que incluso sus relaciones interpersonales se vean afectadas. Sin embargo, a largo plazo, ninguna de estas opciones conduce a obtener buenos resultados.

El caso es que una posible alternativa sobre cómo darle significado a la vida —una excelente, si tienes claro cómo implementarla— es enfocándote en otros aspectos que no tienen nada que ver con el dinero. Para algunos, su forma de encontrar significado es trabajando directamente por una causa que los motive o aprovechando al máximo el tiempo que pasan con su familia o practicando su pasatiempo preferido.

Otros encuentran significado a través de sus experiencias personales. Eso fue lo que le sucedió a Rukiya Johnson en 2006, cuando se enteró de que su hermano, un estudiante de segundo año de universidad y activista comunitario, había sido asesinado. En respuesta, Rukiya decidió cambiar de carrera y honrar el legado de su hermano, trabajando en el área de educación, una causa que a él le apasionaba. Hoy, ella dirige un programa que les ayuda a jóvenes estudiantes de color a formarse en el campo de las profesiones sanitarias y en otras relacionadas con la ciencia, la tecnología, la ingeniería y las matemáticas. "Encontré mi propósito", afirma ella. "Todo encajó en mi vida".

La historia de Rukiya es poderosa e inspiradora. Pero, ¿qué hacer si no estás muy seguro de qué es aquello que te apasiona, ni de qué es significativo para ti? ¿Qué hacer en ese caso?

OPTIMIZA TUS PRIORIDADES

Todo el tiempo, recibo mensajes de lectores —desde recién graduados hasta profesionales de alto nivel— que están luchando por encontrar su "verdadera pasión" o su "propósito en la vida" o aquello para lo cual "fueron destinados". Muchos creen, y la cultura estadounidense les ha dicho demasiadas veces, que cada uno de nosotros tiene un llamado y, por lo tanto, es nuestra responsabilidad encontrarlo. Por ende, si no estamos seguros de lo que se trata o aún no lo hemos identificado, debe haber algo que está funcionando mal en nosotros. Y como imaginarás, la autoflagelación no suele ayudar a ese proceso de autodescubrimiento.

Cuando todavía estás averiguando qué es significativo en tu vida —o sientes que eres una persona perteneciente a la época del Renacimiento, motivada por muchas cosas distintas con respecto a las que les atraen a los demás—, he observado que te resultará bastante útil *optimizar tus prioridades*. De ese modo, identificarás qué es aquello que en verdad te interesa hacer. Esa es una lección que aprendí cuando lancé mi negocio de consultoría en 2006. Uno de mis primeros clientes fue una mujer que se estaba postulando para vicegobernadora de Massachusetts. Como consultora en marketing y comunicaciones, algo era muy claro para mí en ese caso y era el hecho de que competir para obtener un cargo como ese sería bastante complicado, porque, siendo franca, no se trata de un trabajo sobre el cual muchos tengan puestos sus ojos. En cambio, competir para ser elegido gobernador, senador o presidente puede llegar a convertirse en una batalla épica en el campo de las relaciones públicas. La mayoría de la gente no está realmente segura de lo que hace un vicegobernador, además de pasar el rato y estar disponible en caso de que el gobernador se enferme o decide dimitir. Así que, para llamar la atención sobre esta candidata, teníamos que pensar en una estrategia bastante inteligente y creativa.

Mi clienta era una ambientalista, así que pensamos en la posibilidad de que ella hiciera un tour en kayak por todo el Estado. Remaría a lo largo de algunos ríos (un hobby que ella disfrutaba) y se reuniría con la prensa local para hablar sobre sus ideas políticas. Desafortunadamente, el recorrido en kayak no fue suficiente para ser elegida en el cargo. Sin embargo, sucedió algo significativo, al menos, para mí. Durante el recorrido en kayak, conocí a Marion Stoddart, una de nuestras estrellas invitadas a la gira. Marion tenía casi 80 años de edad en ese momento; tenía cabello blanco y corto y un rostro arrugado, pero, por encima de todo eso, tenía su propio kayak. En 1960, ella había dirigido con gran éxito la limpieza del río Nashua, en Massachusetts. En esa época, aquel era uno de los 10 ríos más contaminados del país.

Yo estaba encantada e impresionada de conocerla, pero después que terminó la carrera, no volví a pensar mucho en ella, hasta que recibí una llamada de Sue Edwards, quien se había ofrecido como voluntaria en la campaña. "No puedo dejar de pensar en Marion", me dijo. "Alguien debería hacer una película sobre su vida". Yo estuve de acuerdo. Su historia era inspiradora y ella era una persona muy carismática. Pero, ¿quién la haría?

Yo tenía algunos contactos en el mundo del cine documental, de modo que me ofrecí a poner a Sue en contacto con ellos. Durante las siguientes semanas, ella se reunió con tres colegas que yo le sugerí y noté que ella comenzó a cruzarse de brazos, un poco pensativa, mientras hablábamos del proceso de realización de la película. Fue entonces cuando decidió hacerme una oferta: si ella la producía, ¿yo estaría dispuesta a dirigirla?

Yo nunca había hecho un documental. Pero en el fondo, me di cuenta que se trataba de hacer una narración: de trazar un marco narrativo y luego unir las imágenes con un diálogo que llevara a los espectadores a lo largo del viaje. Como experiodista, yo sabía que podía hacerlo. Y lo más importante, sabía que sería interesante hacerlo.

Entonces, le dije que sí.

Pasé los siguientes tres años trabajando en estrecha colaboración con Sue y con el equipo que reunimos para hacer la película, *Marion Stoddart: The Work of 1000*. Pasamos incontables horas entrevistando a Marion, profundizando en su vida, desde cómo fue criada hasta qué tácticas y políticas de organización utilizó para obtener apoyo y conseguir hacer la limpieza del río. Pero una parte de su historia se destacó. Resultó que Marion tenía 17 años cuando salió de su casa rumbo a la universidad. Ella recuerda que ese día, a medida que se acercaba a la puerta, su madre le dio un último consejo: "Siempre que tengas la opción de elegir qué hacer, elige la que te parezca más interesante".

Sí, pensé, *eso es exactamente* lo que hay que hacer. Cuando se trata de pensar a largo plazo, con frecuencia asumimos que necesitamos conocer todas las respuestas por adelantado. Después de todo, ¿de qué otra manera podemos planificar? Pero nadie es omnisciente y las cosas siempre tienden a cambian a lo largo del camino. No se trata de configurar una meta fija a la edad de 20 años e invertir metódicamente el resto de tu vida cumpliéndola, bien sea que esta siga siendo una buena idea o no.

Donde quiera que estemos en el camino de la vida, es posible que aún no hayamos identificado algo que sea lo suficientemente significativo y que queramos hacer o un campo de acción en el cual seamos muy buenos. Pero todos tenemos áreas del conocimiento o de la vida que nos interesan bastante y sobre las cuales quisiéramos aprender cada vez más. Por ejemplo, la pasión por fotografiar aves puede no parecernos particularmente "significativa", pero, si nos resulta muy *interesante*, la curiosidad nos impulsará hacia ese campo y, en última instancia, hasta terminará por llevarnos en direcciones bastante útiles, como establecer nuevas conexiones personales y profesionales, recibir un contrato para escribir libros sobre ese tema o dirigir una campaña exitosa para preservar los humedales de nuestra localidad.

Algunos podrían cuestionar la premisa de optimizar las prioridades. ¿No es eso una quimera, o algo en lo que solo los ricos pueden pensar? "Tengo que seguir con este trabajo para pagar mis préstamos estudiantiles", dicen algunos, o "Tengo una hipoteca por pagar". Y eso está bien —a corto plazo—. Pero la razón más importante para jugar a largo plazo es no permitirnos a nosotros mismos la posibilidad de ser víctimas de las circunstancias. En otras palabras, nuestra realidad actual nunca es una realidad inmutable y eterna.

Si hay cosas que despiertan tu curiosidad o campos en los cuales te encantaría explorar, es posible que no puedas dejar tu trabajo hoy mismo para sumergirte en tus propios intereses.

De hecho, muy pocos podríamos hacerlo. Sin embargo, con el tiempo, dando pequeños pasos estratégicos, casi todo *se* posible.

Pero, ¿y si has estado trabajando acongojado durante tanto tiempo que ya ni siquiera estás seguro de lo que te parece interesante? ¿Y si te sientes estancado o aburrido o confundido en cuanto a tu vida profesional? ¿O si, simplemente, no sabes por dónde empezar?

EVALÚA LO QUE YA ESTÁS HACIENDO

A menudo, la prueba más real para descubrir lo que en verdad te interesa es observando cómo estás empleando tu tiempo ahora mismo. Por ejemplo, si tu Instagram está plagado de primeros planos de comida muy bien elaborados, eres un buen candidato para convertirte algún día en un crítico gastronómico o para iniciar un servicio de catering o para ser jefe de *branding* en una empresa de productos alimenticios. Si tienes muchos podcasts y siempre estás recomendándoles nuevos podcasts a tus amigos, tal vez, podrías levantar la mano y ofrecerte a lanzar uno para tu empresa o buscar trabajo en una que los produzca.

Es crucial darte cuenta de qué es aquello que capta y mantiene tu atención. Si eres una persona a la que le interesan muchas cosas, fantástico. Casi cualquier tema es apto para que le dediques una hora de tu vida, leyendo y aprendiendo más de él. Pero no te apresures por convertir tu última entretención en la misión de tu vida. Primero, encuentra maneras de aprender al respecto de forma incremental, por ejemplo, en la creación de entrevistas informativas bajo la dirección de personas que trabajen en ese campo o leyendo varios libros sobre el tema o preguntándole a un experto si te permitiría acompañarlo a lo largo de una jornada de trabajo. De ese modo, irás eliminando intereses fugaces, junto con "el síndrome de brillar" en ciertos temas ante los cuales no sentirás curiosidad por mucho tiempo.

Además, busca patrones generales de aquello que te atrae. Fue así como Rebecca Zucker, a quien mencioné en Capítulo 1, se dio cuenta de que lo que ella en realidad quería era vivir en París. Por eso, hacía varios trabajos paralelos con tal de llegar a fin de mes y poder sostenerse, viviendo en la Ciudad Luz. Rebecca me comentó: "Enseñaba inglés, les ayudaba a las personas con las aplicaciones de las escuelas de negocios, preparaba entrevistas para quienes estuvieran interesados en presentarse a entrevistas bancarias en Londres, hacía *coaching* de habilidades de presentación y otras consultorías al azar". Poco a poco, Rebecca descubrió un patrón en su serie de trabajos ocasionales: "Noté que me encantaba apoyar a otras personas para que tuvieran éxito".

Cuando por fin regresó a su cargo corporativo, Rebecca se involucró en el área de formación y desarrollo. Ella recuerda: "Todos venían a mi oficina para que les ayudara a resolver sus problemas laborales. Lo único que yo hacía era escucharlos y hacerles preguntas". El hecho de darse cuenta de lo que realmente la hacía feliz y en qué campo de acción los demás gravitaban fluidamente hacia ella le ayudó a identificar que lo que quería era convertirse en *coach* ejecutiva. Un año después, Rebecca lanzó su propia empresa.

Constance Dierickx, quien comenzó su carrera como corredora de bolsa en Merrill Lynch, también decidió prestarle atención a una pregunta cuya respuesta le causaba gran curiosidad: ¿por qué la gente toma decisiones tan irracionales con respecto a su dinero? Todos conocemos el mantra: *compra barato, vende caro*. Sin embargo, la gente inteligente siempre hacer lo contrario, vende en medio del pánico o se vuelve codiciosa cuando es obvio que el mercado está inestable. "Empecé a pasar ciertas horas a la semana en la biblioteca, buscando información sobre la ciencia de saber tomar decisiones y también consultando libros sobre sicología", me dijo ella.

Constance sabía que disfrutaba relacionándose con sus clientes en la empresa, pero seguía interesándose en temas relacionados con la toma de decisiones. Al final, encontró una manera de combinar estas dos áreas: volviendo a la universidad a hacer un doctorado en sicología. Aquella no fue una decisión fácil. "Estaba arriesgando el bienestar económico de mi familia", recuerda ella, porque Merrill me pagaba bien; en cambio, ser un estudiante de tiempo completo definitivamente no me reportaría ningún ingreso mensual inmediato. Aun así, al notar su interés persistente en hacer su doctorado, ella comprendió que ese era el camino correcto a seguir. Hoy, es una consultora exitosa y autora de un libro sobre sicología y liderazgo.

No hay duda de que averiguar en qué consisten tus verdaderos intereses tiende a parecer complicado. Pero, a menudo, es una simple cuestión de darte cuenta en qué estás empleando tu tiempo y reconectarte con aquello que siempre te ha motivado.

RECUERDA TU MOTIVACIÓN INICIAL

"Soy artista", me dijo Sarah Feingold, "y fui a la facultad de derecho, porque quería ayudar a artistas como yo". Sin embargo, las cosas no le resultaron de esa manera. Después de obtener su título, Sarah aceptó un trabajo en una pequeña empresa al norte del Estado de Nueva York. Se trataba de redactar mociones y contratos; además, trabajaba haciendo acuerdos inmobiliarios. No había duda de que estaba aprendiendo mucho sobre leyes, pero no se sentía satisfecha. "Mi trabajo allí no consistía en representar a artistas, ni a pequeñas empresas, ni tampoco estaba practicando la ley de propiedad intelectual", recuerda ella. "Entonces, hablé con uno de los socios del bufete de abogados sobre esta inquietud y me quedó claro que nada cambiaría si mi carrera quedaba en las manos de cualquiera, menos en las mías".

Ahora, lo que sí le producía gran alegría era hacer joyas: collares, aretes y anillos —como actividad extra—. Unos meses antes, Sarah había comenzado a vender sus creaciones en un nuevo sitio web llamado Etsy. En una ocasión, explorando el sitio, se dio cuenta de algo: "Etsy no tenía un abogado interno, así que mi objetivo de ayudar a los artistas podría llegar a convertirse en realidad si trabajara para ellos".

Entonces, un día cualquiera, Etsy anunció algunas políticas nuevas que a ella le generaron preguntas, además de algunas ideas legales que le parecieron interesantes y dignas de compartir. Dado que la empresa aún era pequeña, Sarah se las arregló para hablar por teléfono con el director ejecutivo, Rob Kalin. Tuvieron una charla breve y positiva a la vez, y luego Sarah decidió probar suerte, así que reservó un boleto de avión rumbo a la Ciudad de Nueva York para solicitarles trabajo. Aquel fue un movimiento desproporcionado, pues ni siquiera tenía una cita con nadie allí —por no decir que también fue poco práctico—. La mayoría de las empresas *startups* fracasa y esta pequeña empresa ni siquiera estaba vendiendo un producto que ya fuera reconocido en el mercado, pues era un emporio artesanal.

"Le dije que había viajado hasta allá para una entrevista", recuerda ella —y Kalin le dijo que estaba ocupado—. Al final, su insistencia lo persuadió y él accedió a integrarla a la empresa. Así expuso ella su caso: "Como miembro de Etsy, yo entendía la comunidad y sus necesidades, de modo que sabía que podía agregarle valor a la empresa y ayudarla a escalar. Yo estaba en una posición única para trabajar allí". Es más, ella podría quitarle trabajo de encima: "Kalin me mencionó que tenía que atender ciertas cuestiones legales, así que le dije que yo las manejaría".

Al oírla, Kalin la contrató en el acto.

"En ese momento, a muchos les pareció que aquel cambio que hice era ridículo", recuerda Sarah. ¿Por qué renunciar a un trabajo seguro y estable? Porque la seguridad y la estabilidad no fueron lo que la llevó a estudiar leyes. Las había estudiado para poder ayudar a otros artistas: *eso* era lo que a ella le interesaba y estaba dispuesta a luchar por ello. "Me mudé a la Ciudad de Nueva York y trabajé en Etsy durante más de nueve años", dice Sarah. Llegó el momento en el que ella le ayudó a la empresa a volverse pública y aquella pequeña tienda de manualidades en línea donde ella vendió por primera vez su joyería es ahora una empresa multimillonaria.

Cuando no estás seguro de dónde se encuentran tus intereses —o cuando sientes que solías saberlo, pero ya no lo sabes— vuelve a tus comienzos y piensa en lo que te inspiró a iniciar tu viaje. A veces, solo necesitamos recordar qué fue eso que nos motivó a comenzar.

OLVÍDATE DE LO QUE PIENSEN LOS DEMÁS

Otras veces, tenemos una idea de aquello a lo que nos gustaría dedicarnos y que no tenemos por qué preocuparnos. Ese fue el caso de T. J. Wagner, un oficial del ejército que conocí hace algún tiempo.

Durante varios años, he trabajado con la empresa de consultoría Deloitte en una iniciativa de responsabilidad social corporativa que ellos dirigen. Se trata de CORE Leadership Program, el cual les ayuda a los veteranos militares a hacer la transición para regresar a la vida civil y a pensar en nuevos objetivos para sus carreras, por ejemplo, compartir con ciertas audiencias cómo fue su experiencia militar u otros temas relacionados con la vida en el ejército. Yo misma también he hecho conferencias allí más de dos docenas de veces sobre lo que es la reinvención profesional, pero me referiré a una en especial.

Era tarde, casi las 10:00 de la noche, y los asistentes ya se habían disipado. Me estaba preparando para irme cuando un último soldado se apresuró a preguntarme: "¿Te importa si te pido un consejo?".

T. J. tenía claro lo que quería hacer, pero ese era justamente el problema. "No estoy seguro de que esta sea una buena idea", me dijo. Se refería a que comenzaría a estudiar en una escuela de negocios en otoño, pero faltaban nueve meses para eso. Su verdadero sueño era ir a una escuela de navegación, conseguir su licencia de capitán y convertirse en el capitán de un barco en Grecia y Croacia durante el verano. Sin embargo, tenía grandes preocupaciones. "Siento miedo de seguir adelante, porque estaría dejando un vacío muy grande en mi currículum", me dijo.

¿Parecería una alondra ridícula y hedonista? ¿Lo juzgarían sus posibles empleadores? ¿Estaría cometiendo un gran error?

Era el final de una larga noche y yo había hablado casi con 50 miembros del servicio militar, todos brillantes, talentosos y competentes, pero T. J. se destacó de inmediato, porque tenía una visión única. Me pareció una persona memorable y quedé convencida de que esa podría convertirse en su ventaja competitiva.

"Todo el mundo quiere tener una aventura así", le dije. "Muchos querrían vivir esa misma experiencia y una oportunidad como esta te haría una persona aún más interesante. ¡Hazlo!". Así lo hizo. T. J. y su mejor amigo se inscribieron en una clase de teoría de navegación en Filipinas; luego, en una escuela de navegación en Malasia; luego, en una academia de navegación en Croacia. Después, me contó: "Hacíamos maniobras de navegación extremadamente desafiantes y siempre necesitaba estar preparado para lo que fuera", comentó él. "Una noche, los instructores desataron las cinco balsas del yate y nos despertaron gritando una y otra vez: '¡Las balsas se están hundiendo!'. Me sentí como si estuviera de vuelta en el ejército". Él hecho es que T. J. aprobó su examen final con la máxima calificación.

Pasó el verano navegando como capitán en el Mediterráneo, el cual él describe como "el mejor trabajo del mundo". Sus aventuras dan para hacer una novela bastante convincente —una que haría que casi cualquier reclutador quisiera elegir su currículum entre muchos, convencido de que "ese tipo parece interesante. ¡Contratémoslo!".

Pero eso no es todo. La verdadera ventaja de elegir dedicarse a hacer algo realmente interesante no es solo que puedas acumular muy buenas historias para contar en un bar. Lo que es relevante es que este tipo de experiencias interesantes nos abren posibilidades que, de lo contrario, se quedarán ocultas o serán inaccesibles.

Recién equipado con sus habilidades de navegación, T. J. se unió a un club de navegación en su escuela de negocios y, estando esta organización funcionando en medio de mucho desorden, muy pronto, T. J. fue elegido presidente y reclutó a más de 50 miembros. Su incursión en la navegación se convirtió en una palanca poderosa en el campo del networking, ya que le brindó una oportunidad natural para conectarse con sus compañeros de clase, con estudiantes de diversos equipos de veleros de otras escuelas de negocios y con exalumnos que habían sido miembros del club.

En definitiva, navegar por el Mediterráneo no fue una elección convencional, pero fue la correcta para él. T. J. se destacó, haciendo caso omiso de la sabiduría convencional y construyendo su propio camino. Al jugar con sus propias reglas, T. J. no solo se convirtió en alguien muy interesante, sino también en un faro para otros que anhelaban un poco de esa magia en sus propias vidas.

¿QUÉ TIPO DE PERSONA QUIERES SER?

La siguiente es otra gran pregunta bastante útil para averiguar qué metas vale la pena perseguir: ¿qué tipo de persona quieres ser?

Todo empezó con *Hamilton*. Mi amiga Alisa Cohn estaba obsesionada con el musical de Lin-Manuel Miranda, a tal punto que lo vio ocho veces en Broadway. Un día, se enteró de otra de las creaciones de Miranda: Freestyle Love Supreme Academy, un curso que les enseña a los participantes a improvisar, haciendo beatbox rap. "Sin saber mucho sobre eso", recuerda Alisa, "dije: 'Me inscribiré'".

Pero no fue tan fácil. Las clases estaban llenas, de modo que había una lista de espera. Cuando finalmente fue aceptada, Alisa siguió posponiendo la clase, porque el horario nunca le servía: "Lo pensé y lo pensé durante casi un año". Sin embargo, no era solo una cuestión de horario, sino que sus miedos la invadían: "Voy a parecer estúpida, no voy a poder hacerlo bien, no puedo hacer esto, todos se reirán de mí. Estoy segura de que volveré a los tiempos de mi infancia en que me hacían bullying y se reían de mí".

El hecho es que Alisa se obligó a sí misma a asistir al primer día de clases y a entrar a aquel salón lleno, sobre todo, de hombres dos décadas más jóvenes que ella. Alisa sabía que, allí, ella era una estudiante atípica. "La mitad del grupo tenía alguna e incluso mucha experiencia. En cambio, yo no tenía, literalmente, ninguna experiencia. Como mínimo, la mayoría de ellos tenía esa afinidad por el rap que yo no tenía en absoluto. Yo había aprendido rap de *Hamilton*".

Alisa pasó tres horas "practicando y dándose cuenta de que no soy muy buena en esto". Y luego, llegó el momento de la gran final de la noche: "Teníamos que pararnos, haciendo un círculo y, cuando llegara tu turno, tenías que hacer un gibberish rap de estilo libre frente a todos los presentes. Por supuesto, yo también tuve que pasar. Literalmente, no pude hacerlo. ¡Me sentí tan cohibida!".

Pero luego, se le ocurrió: "Parte de mi inspiración y de mi deseo [de tomar el curso] era superar mi timidez. Yo sé que hay creatividad en mi interior y quiero darla a conocer. También sé que esta clase me ayudará a lograrlo". Con esto en mente, en la siguiente ronda de esa noche, Alisa sacó a relucir todo su coraje y participó en la presentación. Ocho semanas después, como parte de su portafolio de graduación, interpretó su propia improvisación de rap al estilo libre en el escenario, frente a 60 espectadores. "No estoy diciendo que fuera buena para el rap, porque no lo era", comenta ella. "Pero sí logré hacer una presentación lo suficientemente buena y todos me brindaron gran apoyo".

Desde que terminó la clase, Alisa ha seguido aprendiendo rap. Contrató a una amiga para que le escribiera un rap sobre su trabajo como entrenadora ejecutiva para *startups* y ella misma lo grabó y lo filmó con su iPhone, haciendo así una versión casera de su música. ("Esta soy yo, entrando en calor con el carisma del rap, soy tu entrenadora ejecutiva, ¡y mi nombre es Alisa!"). Alisa no tiene la intención de convertirse en una estrella del rap y su video no necesariamente va a servirle para conseguir nuevos clientes. Pero, para ella, esa experiencia representa algo más grande: "Creo que el rap va a seguir llevándome por el camino de la creatividad y me ayudará a ser cada vez más osada, más desenfrenada y menos cohibida".

Hay un millón de razones para no probar algo nuevo, sobre todo, algo que esté fuera de nuestra zona de confort. Podemos citar una letanía de excusas 100% válidas y agregar que el momento en que estamos nunca es el adecuado. Y, si lo permitimos, siempre habrá algo más importante y de mayor prioridad que comenzar algo nuevo. Es por eso que poner en práctica el juego a largo plazo significa reconocer que aún no somos expertos en todo y que, a veces, si se trata de convertirnos en la persona que queremos ser, está bien parecer tontos.

YENDO A LOS EXTREMOS

Muy a menudo en la vida, nos esforzamos en prepararnos para no sufrir decepciones e ir a la fija. Si tenemos al frente algo que no nos parece práctico, ¿por qué pensar siquiera en hacerlo? Entonces, soñamos con convertirnos en directores senior o en asistentes a vicepresidente —mas no en gerentes generales.

Otras veces, "pensamos en grande" y planeamos cómo conseguir un concierto para nuestra banda una vez por semana en el bar de nuestra localidad, en lugar de planear cómo aparecer en las listas de *Billboard*. El objetivo de jugar a largo plazo es comprender que las metas ridículas son ridículas en el momento, pero no para siempre. El caso es que, cuando nos obligamos a llevar nuestras metas al extremo... —¿*En qué consistiría nuestro éxito final?*— estamos en capacidad de crear una hoja de ruta honesta que nos sirva de guía, más que todo, a nosotros mismos. A lo mejor, tardaremos 5, 10, 20 años en atravesarla y en llegar a la meta, pero, de todos modos, ese mismo tiempo pasará con metas o sin ellas.

Si una meta vale la pena, también vale la pena ir tras la versión que realmente queremos de ella, no tras una diluida que nos permita proteger nuestro ego. En sí mismas, las grandes metas tienden a parecer paralizantes. ¿Cómo empezar a escribir esa novela? Pero las grandes metas, junto con metas pequeñas, acompañadas de esfuerzos consistentes, son esa fuerza galvanizadora que todos necesitamos para lograr algo poderoso, sobre todo, cuando se trata de metas que, en el momento, nos resultan abrumadoras.

Así fue para Luis Velásquez, quien se desempeñaba como profesor de la Universidad Estatal de Michigan cuando recibió una terrible noticia: tenía cáncer en el cerebro. Luis no se hacía ilusiones sobre su situación. Como científico, él sabía con exactitud cuán nefastas eran sus perspectivas.

El fin de semana después de recibir su diagnóstico, él y su esposa estaban en Chicago —y por coincidencia, aquel era el fin de semana de la Maratón de Chicago—. "Estuvimos en la línea de meta durante varias horas", comenta Luis. "Estábamos tan cerca que recuerdo haber visto la emoción en los rostros de los corredores al finalizar su carrera. Algunos de ellos lloraban mientras corrían hacia la línea de meta; otros caminaban con dolor y esfuerzo, como era apenas obvio. Fue entonces cuando me di cuenta de que muchos de los corredores tenían unos pequeños letreros puestos en sus camisetas. Me incliné para verlos más de cerca y alcancé a leer que en algunos de ellos decía que los participantes que los llevaban puestos eran sobrevivientes de cáncer, sobrevivientes de violencia doméstica, sobrevivientes de cáncer de mama, sobrevivientes de tumores cerebrales, etc.".

De inmediato, Luis se volvió hacia su esposa y le dijo: "El año que viene, quiero correr este maratón". Poco tiempo después de su cirugía, Luis tuvo un control que lo enfrentó a la realidad. "Le pregunté al médico cuándo pensaba él que yo podía volver al trabajo y empezar a entrenar para la maratón que iba a correr", recuerda Luis. "Él me dijo, 'Luis, lo más probable es que ya no serás profesor. Además, te llevará mucho tiempo lograr caminar recto. De modo que, en este momento, yo no estaría pensando en alcanzar ninguna de esas dos metas".

Sin embargo, Luis no quiso escuchar. Cambió el nombre de su régimen de terapia física diario por "mi entrenamiento para la maratón". Y continúa contando: "Y, cuando me dieron las rutinas de los ejercicios que tenía que hacer, hacía 10 y hasta 20 veces más que la cantidad que me indicaran". Aquel no fue un proceso fácil. "Quedaba exhausto, me mareaba, me dolía la cabeza".

Lo cierto es que, gracias a su extraordinario esfuerzo, recuperó su capacidad para caminar recto. Luego, llegó el momento de correr. "Lo que realmente me mantuvo", dice Luis, "fue la idea de hacer algo que la mayoría de la gente pensaba que era una locura. Mirando hacia atrás, esa era mi más grande motivación —sorprender a la gente—. Y en el proceso, recuperaría mi confianza en mí mismo".

Muchas personas que sufren los efectos de la cirugía cerebral le prestarían atención a la advertencia del médico: *"¡Olvídate de la maratón! ¡Tienes suerte de estar vivo!"*. Pero, para Luis, cumplir su meta marcó la diferencia: "En ese momento, correr se convirtió en lo único que me estaba dando la sensación de ganar".

Exactamente, un año después de su cirugía cerebral, Luis cruzó la línea de meta de la Maratón de Chicago. "Recuerdo que miré hacia atrás, tal vez, en la última milla, y no pude contener mi felicidad. Comencé a llorar y lloré todo el camino hasta la línea de meta. Hacía solo un año, estaba allí, preguntándome si estaría vivo el próximo año".

En los años transcurridos desde entonces, Luis ha seguido corriendo maratones e incluso se convirtió en un ultramaratonista, pues ya registró haber corrido 100 millas de maratón. Para vencer a su enemigo extremo, sus desafíos de salud, él creó una meta extrema para sí mismo. Y día a día, a través de su régimen poco glamoroso de fisioterapia y ejercicios de fortalecimiento, hizo realidad su visión.

Ciertamente, recuperarse de un tumor cerebral tiene mayores riesgos que, por ejemplo, abordar un nuevo proyecto de alto perfil en el trabajo (aunque esto también puede generar sus propios miedos y ansiedades), pero todos podemos aprender algo importante del ejemplo de Luis.

Él pudo haber escuchado las voces de precaución que había a su alrededor. ("Olvídate de la maratón") para evitar la decepción.

En cambio, él supo reconocer el enorme poder de la motivación que le generaba el hecho de tener una meta extrema por cumplir. Cuando estás trabajando para conseguir algo significativo para ti, ese objetivo puede ayudarte a superar el tedio de los pequeños pasos diarios que necesitas dar para lograrlo. Cuando se trata de optimizar para realizar aquello que en verdad te motiva y te parece interesante, de lo que estás hablando no es de ir en pos de un objetivo que sea manejable, sino de esforzarte al máximo y trabajar rumbo un objetivo gigante.

Marie, una joven música a la que le encanta el jazz, hizo eso a lo largo y ancho del país.

¿CÓMO SE LLEGA AL CARNEGIE HALL?

Todos hemos escuchado el chiste sobre cómo llegar al legendario escenario musical del Carnegie Hall: "¡Practicando!".

Sin embargo, resulta que, en realidad, hay otra forma. El Carnegie Hall les permite a personas y organizaciones alquilar el auditorio para realizar allí eventos privados. Cuando Marie Incontrera se enteró de esa posibilidad, se sintió muy emocionada. "Hay diferentes niveles de prueba a nivel social, mediante los cuales es posible iniciar tu carrera musical", dice ella. "El Carnegie Hall es la mejor. Incluso si lo alquilas tú mismo, aun así, significa que has alcanzado un cierto nivel en tu carrera, pues lograste llenar el auditorio y fuiste capaz de pagarlo por tu propia cuenta".

¿La tarifa de alquiler de la sala? Un poco menos de $6.000 dólares. Marie recuerda: "En esos momentos, yo pensaba... Genial, yo puedo hacer eso. Después de todo, ¡no es tan inalcanzable!".

Por desgracia, ese fue solo el comienzo. "Después, tuve que pagar $15.000 dólares en gastos sindicales", comenta Marie.

"Todo el trabajo, las entradas, el tramoyista y cualquier otra cosa que quisiera hacer en ese espacio significaba más dinero. Si quería tener accesorios en el escenario, me tocaba contratar a un maestro de utilería; si iba a usar un micrófono, también costaba dinero extra; si necesitaba hacer un video de la presentación, había que pagar para que lo grabaran". Y hasta ahí, Marie todavía no había llegado al ítem de pagarle a su propia banda de músicos.

En total, sus gastos ascendieron a $40.000 dólares. Esa es una tarifa significativa para cualquiera. Pero, para Marie, que se las arreglaba con su gato en un estudio de una habitación en los confines de Brooklyn, esa cifra era inalcanzable: "El presupuesto para una noche de concierto era casi tres veces más alto que todo el dinero que yo había ganado durante el año anterior". Pero su banda estaba emocionada ante esa oportunidad y ella ya había comenzado a recaudar pequeñas contribuciones para financiar el concierto. Entonces, decidió que, de alguna manera, a pesar de aquella espantosa enormidad de dinero, haría que el asunto funcionara.

Pasó meses, redactando y enviando subvenciones y hablando con posibles donantes e incluso usó fondos que obtuvo de un trabajo paralelo que consiguió como consultora de redes sociales. Marie cuenta que, "a lo largo de ese proceso de recaudación de fondos, hubo momentos bastante importantes, de maravillosas victorias y de decir, '¡Dios mío, esto va a cambiar mi vida!'. También hubo momentos de '¡Oh no, esto va a fracasar! ¡Tendré que pagar este concierto por el resto de mi vida o voy a ir en bancarrota o terminaré perdiendo mi apartamento!'".

Pero no fue así. Usando esta meta extrema como motivación, Marie trabajó hasta el último minuto de su presentación y recaudó la totalidad de los fondos que necesitaba. "Creo que, hasta el día de hoy, eso es lo más difícil que he hecho en mi vida", afirma ella. Años más tarde, la experiencia todavía la impacta. "Tocar en el Carnegie Hall todavía es algo a lo cual puedo referirme y decir, 'Yo hice eso'. La gente me presta toda su atención cuando lo cuento. Es más, me prestan mucha más atención cuando son otros los que lo cuentan", concluye Marie.

Con demasiada frecuencia, tendemos a mirar dónde estamos en el momento presente y decimos: "¿A dónde iré a partir de aquí?". Eso es hacer la pregunta incorrecta. Si comienzas con tu situación actual, te estás limitando y solo avanzarás hacia lo que te parezca alcanzable. A veces, como en los casos de Marie y Luis, necesitamos elegir metas extremas —que hasta suenen imposibles de alcanzar—, puesto que nada es más interesante, ni nos exige más esfuerzos que lo inalcanzable.

Cuando tomamos la decisión de optimizar prioridades para luego enfocarnos en lo que de verdad es interesante para nosotros, estamos invirtiendo en nuestro futuro. No sabemos hasta dónde llegaremos, pero es que ese es el punto. Jugar el juego largo significa prepararnos de manera consciente para un futuro incierto en el que, debido al esfuerzo que hemos invertido a lo largo del tiempo, estemos listos para aprovechar al máximo las oportunidades que la vida nos presente. (Para Marie, que al mismo tiempo estaba convirtiendo su trabajo paralelo en una exitosa carrera en consultoría de redes sociales, ese concierto fue lo que la llevó a escribir tanto un musical como un programa piloto de televisión).

A lo largo de este capítulo, es posible que hayas identificado numerosas metas posibles que te gustaría alcanzar o, por lo menos, áreas que te parezcan potencialmente interesantes. Pero, ¿cómo determinar cuáles son las más prometedoras? ¿Cuál de ellas deberías priorizar? ¿Habrá alguna forma de ponerlas a prueba antes de involucrarte del todo en alguna específica?

Afortunadamente, sí la hay.

Recuerda:

- El valor predeterminado en nuestra cultura es optimizar nuestra prioridad en todo lo referente a elegir una carrera lucrativa y conseguir dinero. A menudo, la única otra alternativa de la que se habla es de la de optimizar nuestras prioridades en busca de darle significado a nuestra vida, pero la cuestión es que muchos no tienen claro todavía qué es lo realmente significativo para ellos.

- Una posibilidad es "optimizar para así enfocarte en algo que sea interesante", haciéndole caso a tu curiosidad. Pregúntate:

    » ¿Qué estoy haciendo ya y disfruto haciéndolo? Observa cómo y en qué estás gastando tu tiempo por decisión propia, pues este es un gran indicador de tu interés genuino.

    » ¿Por qué comencé en este camino? Piensa en tus motivaciones originales para involucrarte en tu campo de interés y reconéctate con ellas.

    » ¿Cómo puedo ignorar los juicios de los demás? No todas las experiencias, ni todo el trayecto del camino tienen que ser lineales. Solo porque algo que hiciste no corresponde al camino que has establecido no significa que eso sea incorrecto.

    » ¿Qué tipo de persona quiero ser? Identifica experiencias que te ayuden a ir convirtiéndote en esa persona.

    » ¿Cómo puedo pensar en grande? No te limites a lo que veas posible de realizar en el momento presente. Más bien, piensa en dónde te gustaría estar en el futuro.

Capítulo 4

ES HORA DE EXPLORAR

Fue a finales de diciembre de 2015, en la Ciudad de Nueva York. En todas partes que miraras, había luces blancas, brillando a través de las ramas de los árboles y elaboradas exhibiciones navideñas llenaban los escaparates de Fifth Avenue. Pero yo estaba entre mis cobijas con tos y fiebre, preguntándome qué me estaba ocurriendo.

Ese año, hice 74 conferencias para promocionar mi libro *Stand Out*. La mayoría de ellas, fue en otras ciudades. Una y hasta dos veces por semana tomé un taxi y me dirigí al aeropuerto, consumí comidas bastante cuestionables a altas horas de la noche y de cualquier restaurante que todavía estuviera abierto y al día siguiente retomaba ese mismo ritmo de trabajo. Por eso, mientras daba vueltas y vueltas en mi estado febril, me pregunté: *¿por qué me tomé el trabajo de vivir en Nueva York, una de las ciudades más caras del mundo, si casi nunca iba a estar casa?*

El nuevo año estaba a solo unos días, así que mi resolución para ese año que comenzaba sería que, por lo menos, una vez por semana, planearía alguna actividad "exclusivamente en Nueva York". Iría a ver una película sin importar lo agradable o elegante que fuera el teatro —puedes ir a cine en cualquier lugar—. Iría a ver un espectáculo en Broadway, que siempre está muy de moda. Había vivido allí durante más más de un año y en todo ese tiempo había asistido exactamente a un show, cuando un visitante de fuera de la ciudad me pidió que fuéramos.

Fue así como, pasando junto al árbol del Rockefeller Center, me encontré con Bruce Lazarus y su hijo, que se dirigían a ver *Fun Home*, en Broadway. Conocí a Bruce unas semanas antes, porque ambos participamos en el mismo evento en el que tanto él como yo dimos nuestras conferencias. Él era el jefe de Samuel French, una empresa que concede licencias de obras de teatro y musicales. *Fun Home* era una de ellas y resultó que él tenía un boleto de entrada extra, de modo que me invitó a unirme a su plan y yo aproveché la oportunidad.

Nunca fui fanática de Broadway. Crecí escuchando música pop y en la escuela de mi pueblo no nos daban clase de teatro. Mi mamá había intentado relacionarme con la cultura, pero sus esfuerzos, incluido un viaje para ver una producción itinerante de *Cats*, en Raleigh, Carolina del Norte, me dejó perpleja. *¡¿Por qué yo no entendía nada de lo que estaba pasando?!* (Pista: el show no tiene una trama específica).

Pero *Fun Home* fue diferente —un hermoso espectáculo—. A la mañana siguiente, me desperté temprano y me dirigí a una cafetería que había cerca de mi casa. Estaba sumida en un pensamiento que nunca antes había tenido: *tengo que escribir mi propio musical*. No tenía idea de cómo —y… literalmente, busqué en Google "cómo escribir un musical"—, pero juré que aprendería.

EL 20% DE TU TIEMPO

Cuando Google se hizo pública en 2004, popularizó un emocionante concepto: el del uso específico de un 20% del tiempo por parte de sus colaboradores. "Alentamos a nuestros empleados a que, además de los proyectos habituales en los cuales cada uno de ellos trabaja en la empresa, le dediquen el 20% de su tiempo a trabajar en áreas en las que ellos crean que, de profundizar en ellas, beneficiarían más a Google", escribieron los fundadores Sergey Brin y Larry Page en su primer anuncio como empresa pública[1]. "Esto les permitirá ser más creativos e innovadores. Es evidente que muchos de nuestros avances más importantes han sucedido de esta manera". De hecho, Google News y Gmail fueron producto del uso del 20% de tiempo de experimentación. (Este concepto fue creado originalmente por la empresa 3M, la cual les daba a sus empleados "el 15% de tiempo" para que se dedicaran a innovar. Fue justo durante ese tiempo cuando surgieron innovaciones que incluyeron el lanzamiento de Post-it.)

Hay algo de convincente en la idea de reservar tiempo para experimentar y ver hacia dónde te llevan tus motivaciones. En el capítulo anterior, hablamos sobre estrategias para identificarlas, pero existe un gran abismo entre estar interesado en un tema y convertirlo en una parte fundamental de tu vida y tu trabajo. Ahí es donde entra en funcionamiento el uso de ese 20% del tiempo, porque te permite explorar tus intereses y ver qué te funciona, dado que tu nivel de certeza en ellos es relativamente bajo.

Por supuesto que no es fácil dedicarte a explorar durante el 20% de tu tiempo. La gente vive ocupada y no todo el mundo está dispuesto a trabajar más allá de sus labores diarias, que ya de por sí son exigentes. Como ex directora ejecutiva de Yahoo, Marissa Mayer, quien trabajó largo tiempo en Google, señala: "El pequeño y sucio truco del 20% del tiempo de Google [es que] realmente se trata del 120% del tiempo". En otras palabras, estos llamados proyectos especiales son "toda clase de cosas que tienes que hacer y que van más allá de tu trabajo habitual"[2].

Un cálculo realizado hace unos años, arrojó que solo el 10% de los empleados de Google hace uso de ese 20% del tiempo[3]. Esto no es especialmente sorprendente en un entorno de trabajo que en sí mismo ya es ajetreado —aunque, en teoría, fomente esa práctica—. La mayoría de los profesionales está tan enfocada en cumplir con sus responsabilidades diarias que nunca hace el esfuerzo de usar ese 20% del tiempo en trabajo de exploración. Pero eso es algo que a ti te genera posibilidades.

A cualquiera de nosotros nos ocurre que haya ciertos momentos y algunas circunstancias en los que sea posible que no tengamos todo el ancho de banda que se requiere para asumir proyectos especiales. Sin embargo, si nos esforzamos cuando tenemos la oportunidad de usar ese 20% del tiempo, haciendo el trabajo pesado, a menudo, estaremos relacionándonos con gente fuera del común —y esa experiencia tendrá el potencial de ser transformadora.

Eso fue lo que le sucedió a Adam Ruxton, Director de Marketing en un proyecto de robótica en X, la empresa que antes se llamaba Google X, conocida como la "fábrica de lanzamientos lunáticos" de Google, pues ha lanzado iniciativas en todos los campos, desde drones de reparto hasta coches autónomos. En 2011, Adam, nativo de Irlanda, comenzó a trabajar en la oficina de Google en Dublín. Al final de su primer año, Adam ya estaba ofreciendo parte de su 20% de tiempo para ayudar a la oficina de Londres a planear cómo presentar aplicaciones de Google en diferentes países europeos.

Él vio esa oportunidad como una forma de desarrollo profesional. "El programa de marketing de Google es bastante interdisciplinario, así que la empresa nos motiva a pertenecer a diferentes equipos. Siempre estás escuchando cómo funcionan las cosas, los diferentes productos, los diferentes usuarios, de tal modo que estés en capacidad de aportar todos esos conocimientos en tu siguiente proyecto. Empiezas haciendo preguntas y quizá compartes un café con alguien que trabaja en otro equipo, pues te interesa preguntarle qué acontecimientos importantes están sucediendo en esa área y quieres saber en qué necesita ayuda el equipo o en qué aspectos del proyecto en el cual están ellos trabajando necesitan incrementar el nivel de conocimiento en el tema".

El caso es que aprendes a identificar cómo ayudar, porque unirte al equipo y exigir que te asignen de inmediato un proyecto interesante sería la mejor receta para fracasar en el equipo. Según explica Adam, lo ideal suele ser que manifiestes que estás dispuesto a contribuir para que el volumen de trabajo de los demás sea menor. Como él señala: "Si les dices, 'Oigan, yo he leído unos cuantos artículos sobre esta cuestión y creo que encontré esta solución. Observo que aquí hay tres errores. Tengo la sensación de que es en esta parte en la que deberíamos trabajar durante los próximos meses o años. ¿Ya han pensado en estas cinco opciones? Yo estaría feliz de colaborarles unas horas a la semana', es difícil [para ellos] que te digan que no. Y esa es tu oportunidad", afirma Adam. "Con el tiempo, si ocurre algún cambio, será apenas obvio que te inviten a más reuniones, que estés más frecuentemente en ese círculo y que te confíen más cosas por hacer".

Así fue como Adam se involucró al principio con X. Un colega suyo había conseguido un trabajo en el proyecto del automóvil autónomo y Adam estaba ansioso por involucrarse en él. "Cuando digo que 'surgió una oportunidad'" recuerda él, "esa es una forma muy elegante de decir que le rogué al equipo que si *'¿podría ayudarles?'*. Estaba extremadamente interesado en el futuro de la movilidad y en lo que ellos estaban haciendo. Para mí, todo eso era emocionante". Entonces, pasó varios meses como voluntario en un proyecto de investigación para comprender mejor cómo aprenden los clientes sobre nuevas tecnologías y cómo las adoptan. Adam está bastante seguro de que su trabajo allí no condujo a nada trascendental. "En estos roles en que destinas el 20% de tiempo en trabajos extras, no estás en posición de dirigir mucho, ni tienes la libertad de hacer grandes cambios en alguna cosa. Tu ayuda es más una cuestión de ponerte en la actitud colaboradora de decir, 'Oye, yo estaría dispuesto a llenar esos vacíos. Te ayudaré en lo que yo pueda'".

Pero eso está bien. Además de su proyecto inicial, destinando el 20% de su tiempo para colaborar con el equipo de Londres, Adam ha abordado una infinidad de otros proyectos paralelos interesantes. Trabajó con un colega, utilizando "el presupuesto en el prototipo de un equipo pequeño" para crear una experiencia virtual de 360 grados totalmente inmersiva que ayudara a las empresas a comprender mejor la experiencia en línea de sus clientes. Ese proyecto despegó y ha sido utilizado por miles de clientes a nivel internacional.

Lo cierto es que, independiente de cuál fuera el resultado de cada proyecto, Adam siguió siendo voluntario y conociendo cada vez más gente. No mucho después, Google X anunció que cambiaría su nombre a X. Por supuesto que, para hacer esa transferencia, el equipo necesitaría ayuda experta en el campo de marketing —y la persona que haría esta contratación sería alguien con quien Adam acababa de trabajar—. Como resultado, recibió la oportunidad de su vida: trabajar en el área principal de la "fábrica de lanzamientos lunáticos" de Google X, ayudando a liderar su cambio de marca a X.

La verdad es que es un desafío dedicarle el 20% de tiempo a la investigación —incluso si trabajas en la empresa que popularizó este concepto—. Se requiere de hacer un esfuerzo adicional, de luchar contra otras presiones que ya hacen parte de tu agenda y ver cómo sacas espacios en blanco para dedicarte a investigar. Pero las recompensas de experimentar de manera estratégica bien valen la pena el esfuerzo. "Si eres intencional y proactivo, te darás a ti mismo la posibilidad de aprovechar al máximo las oportunidades que deseas", asegura Adam.

A medida que desarrolles nuevas habilidades, buenas conexiones y hagas pruebas de estrés cuando te mantengan bajo presión ciertos conceptos que te intrigan, sigue haciéndote preguntas fundamentales como: *después de explorar en este campo, ¿todavía lo encuentro fascinante? ¿Hay otras personas que también parecen interesadas en esto? ¿Existe la posibilidad de que yo pueda aportar al tema?*

CONSTRUYENDO TU PORTAFOLIO DE VIDA

"En las áreas de gestión de riesgos y en la banca se habla de certeza versus impacto", dice Jonathan Brill, el estratega de innovación a quien nos referimos en la Introducción. "Si estás invirtiendo en un bono, esa es una muy buena inversión, aunque no recibas una gran rentabilidad. Pero si en 2001 invertiste en SpaceX, más te vale que hayas obtenido una enorme ganancia" que compensara ese riesgo.

Una empresa que solo hace apuestas descabelladas tiene la posibilidad bien sea de alcanzar un éxito incomparable o de ir a una quiebra inevitable si ninguna de sus ideas le funciona. (Es por eso que X, donde trabaja Adam Ruxton, es única entre las letras del alfabeto.) Lo mismo ocurre con los individuos.

Algunos de nosotros lo arriesgamos todo. Viene a mi mente Elon Musk, el fundador de SpaceX y el CEO de Tesla. Animado por una fe inquebrantable, Musk invirtió en dos empresas más de $180 millones de dólares de la fortuna que amasó en PayPal — hasta el punto en que, según él mismo admitió, se quedó sin efectivo a finales de 2009[4]—. Desde entonces, se ha ido recuperando poco a poco, convirtiéndose en uno de los emprendedores más ricos del mundo. Pero su estrategia de apostarlo todo no es una receta imitable cuando se trata de tener éxito; es bastante fácil imaginarse a miles de emprendedores queriendo ser Musk, duplicando su apuesta solo para perderlo todo. Definitivamente, este tipo de historias no es el que suele aparecer en *Fortune*, ni en *Financial Times*.

Es por esa razón que la mayoría de nosotros toma el rumbo opuesto. Muchos sabemos que los riesgos son enormes, así que mejor vamos a la fija. Entonces, ingresamos a una universidad o a una escuela de posgrado, tal como nuestros padres nos aconsejaron; conseguimos un trabajo estable y, en pocas palabras, seguimos el guion de vida tradicional. Haciendo una analogía con respecto a lo que plantea Jonathan, hacer esto es como comprar un bono: sabes que no te convertirás en multimillonario, pero también sabes que es poco probable que salgas arruinado, viviendo de esa manera. Lo que ocurre es que este modo de pensamiento no es del todo conveniente, puesto que lo que uno espera de la vida no simplemente consiste en "no ir a la quiebra".

¿Y si hubiera una tercera vía, una que nos permitiera lograr un balance en cuanto al riesgo que significa innovar —como hizo Musk—, pero teniendo la certeza que necesitamos para sentirnos seguros y proveer para nuestras familias?

En el fondo, eso es lo que nos proporciona el 20% del tiempo, cuando decidimos hacer el trabajo extra.

Jonathan ha aplicado este principio en su propia vida. Todos los años, él se enfoca en obtener los que él llama "los ingresos extra que cubren sus gastos básicos", es decir, cierta base de dinero que le permitirá pagar su hipoteca y le dará el nivel de vida básico que él necesita. Pero, más allá de eso, siempre está buscando oportunidades. "Entonces, investigo dónde sería útil invertir el 20% de mi tiempo, involucrándome en actividades de muy alto riesgo", afirma él.

Mediante la oportunidad adecuada, las ganancias podrían llegar a ser inmensas. Así fue como él encontró una magnífica oportunidad en 2015, durante la Feria Mundial de Milán. Estaba relacionada con la industria de la comida, un área de interés sobre la que él quería investigar. Allí, Jonathan descubrió que hubo mucha burocracia con respecto al evento. Los actores más importantes de la industria se mantuvieron alejados, dejándole a él una oportunidad abierta. Así las cosas, Jonathan adoptó un papel protagónico en la planificación inicial del pabellón de EE. UU., reconociendo que, si las cosas salían bien, "yo obtendría un rendimiento 10 veces superior en el uso de mi tiempo". De modo que, sin importar lo que pasara, lo más interesante era que él tenía la certeza de que encontraría la forma de beneficiarse de aquella oportunidad.

"Quería aprender más sobre política gubernamental. Me urgía saber más sobre el mundo de la gastronomía y quería relacionarme en ese campo", dice Jonathan. "Entonces, incluso si no tenía éxito en ese emprendimiento, lo más probable sería que obtendría como resultado el desarrollo de nuevos negocios y algunos aprendizajes únicos que, como persona que trabaja en una pequeña empresa, podría aprender sobre cómo funcionan realmente ciertos aspectos gubernamentales". Eso habría sido suficiente para que aquella experiencia hubiera valido la pena. Pero a veces, cuando te pones en la posición correcta, surgen nuevas oportunidades que jamás habrían pasado por tu mente. "Como resultado de ese aprendizaje, gané varios millones de dólares en ese campo de acción, brindándole una consultoría de alto nivel a una empresa de alimentos y bebidas", afirma Jonathan.

No todos los experimentos van a dar los frutos que anhelamos recoger —y no siempre tenemos cómo predecir cuáles no nos funcionarán—. Algunos de los proyectos en los que Adam implementó la fórmula del 20% de tiempo extra no llegaron a ninguna parte, pero uno de ellos lo condujo al trabajo de sus sueños. Jonathan consiguió un gran contrato gracias a sus esfuerzos como voluntariado en la Feria Mundial, pero, con la misma facilidad, estos habrían podido ser en vano. La idea clave aquí es arriesgarte, estar dispuesto a aceptar que algunas cosas no te funcionarán como piensas, pero sabiendo que otras sí funcionarán —aunque en el camino parezcan estúpidas o inútiles o ineficaces—. "Al hacer uso del 20% de tu tiempo extra, tienes que estar dispuesto a afrontar un margen de pérdida", afirma Jonathan. "El dolor a corto plazo es inevitable", agrega. Después de todo, si se tratara de una apuesta 100% segura, sería un bono, no SpaceX. No habría ninguna posibilidad de obtener una recompensa enorme.

Lo esencial es esto: nunca te arriesgues a apostar más de lo que puedas darte el lujo de perder. Por eso es que hablamos de invertir solo el 20% de tu tiempo y esfuerzo extras, pues, de todas formas, algo hay que arriesgar. Por el contrario, mientras insistas en seguir haciendo lo mismo una y otra vez, puede que tengas que esperar toda una vida a tener el éxito que quieres alcanzar. Es por eso que, a veces, hay personas que, de un momento a otro, se sienten dispuestas a experimentar, pero esta disposición surgió solo hasta cuando vieron que las cosas que estaban haciendo les salieron mal. Sus sueños quedaron destrozados y ahora están de espaldas contra la pared. Pues bien, ese es el momento equivocado para disponerse a hacer experimentos, explica Jonathan, pues ya es demasiado tarde, dado que se requiere de tiempo para poner en marcha y desarrollar las que podrían convertirse en oportunidades secundarias: "Haz eso cuando seas fuerte, no hasta cuando ya te sientas débil", afirma Jonathan.

Pero, con un esfuerzo consistente y constante, también el 20% de tiempo extra puede generar ganancias abismales —que hasta cambian la vida.

MI AÑO DE ACTIVIDADES "ÚNICAMENTE, EN NUEVA YORK"

Comencé mi año 2016 con ese propósito en mente. No solo bastaba con asistir a aquel espectáculo de Broadway con mi amigo Bruce. De modo que me dediqué a investigar sobre lugares interesantes y a crear mi lista de cosas divertidas para hacer en Nueva York y cada semana eliminaría de mi lista una de ellas, bien fuera asistiendo sola o con alguien más. Hice un recorrido a pie por Borough Park, un barrio jasídico tradicional de la ciudad.

Visité el Museum of the Moving Image, en Queens; luego, acepté una invitación a la grabación de un programa de televisión que aún no había sido estrenado en la tele; también asistí a un evento en el histórico Yale Club; tomé una clase de cómo montar en bicicleta bajo el agua (todo indica que quemas más calorías de esa manera) y vi a Barbra Streisand en uno de los palcos de Barclays Center.

Cada actividad fue una experiencia de aprendizaje única y una buena historia por contar en algún momento, bien fuera asombrosa o no. (La versión de ópera de *Macbeth* puesta en escena al interior de una fábrica de chocolate pareció ser una gran idea hasta que llegué al lugar y descubrí que no tenía calefacción. Estoy hablando de que esto ocurrió en el mes de noviembre.) El caso es que, fueran como fueran, todos y cada uno de mis planes para salir por Nueva York eran "pequeñas apuestas", microexperimentos que me permitirían ver qué tantas ganancias me generarían cada uno de ellos. Algunos salieron perfectos solo una vez; disfruté mi clase de fitness de pole dance, pero no me pareció necesario volver a ella.

Otras actividades se estancaron. Animada por un amigo, me inscribí a una clase para aprender a hacer comedia stand-up, algo que nunca antes pensé hacer, de modo que pasé tres meses de mi vida tomando clases semanales y actuando en clubes de comedia de Manhattan.

Además, no pude deshacerme de esa convicción que sentí después de asistir a *Fun Home* de que, de alguna manera, necesitaba empezar a escribir teatro musical. Mi búsqueda en Google no resultó tan útil. *¿Cuántas canciones debe haber en un musical? ¿Cómo debes estructurar la obra? ¿A quién podría contactar para escribir la música que coincida con mis letras?* Hice mi mejor esfuerzo y en medio de una ráfaga de creatividad, pasé varios fines de semana consecutivos creando el formato y la letra de un musical sobre el espíritu empresarial —una especie de *How to Succed in Business without Really*

Trying en la Era del Internet—. Sospechaba que quizá aquel no sería un trabajo tan bueno, pero no sabía qué hacer.

Un mes después, asistí a una cena en una conferencia. Era asientos aleatorios y me senté al lado de alguien que resultó ser un exitoso escritor de musicales para teatro. Cuando le conté mi historia, él me dio una instrucción enfática: "¡Tienes que unirte a BMI Workshop!". Desde 1961, BMI, la compañía editorial de musicales, ha organizado un taller para capacitar a la próxima generación de compositores y letristas del teatro musical. Su programa es considerado a nivel nacional como el más importante en el área de formación, y por una muy buena razón: si logras superar la rigurosidad del proceso de aplicación, disfrutarás de dos años de instrucción 100% gratuitos. El programa recibió un Premio Tony especial en 2007, por su contribución al teatro musical.

Fue así como organicé todas mis letras y envié mi solicitud —y fui rechazada de inmediato—. Ni siquiera pasé de la primera ronda. Estaba decepcionada, por supuesto, pero me sentía dispuesta a apostarle a un juego más largo. *Esta gente no ha visto nada de mí*, pensé.

SACÁNDOLES TIEMPO A LAS OPORTUNIDADES

Asumir un proyecto a desarrollar en el 20% de tu tiempo extra suena atractivo. ¿A quién no le gustaría por fin aprender italiano o tomar lecciones de piano o escribir una novela? Eso es lo que hemos estado diciendo durante años, pues es lo que en verdad querríamos estar haciendo.

En parte, esa es la razón por la que, al principio de este libro, hablamos de cómo limpiar tu agenda de actividades —para encontrar espacios en blanco en ella, comprendiendo que tanto ajetreo no es la marca del éxito—. Por el contrario, tener demasiadas cosas por hacer es algo que debemos evitar a toda costa. Necesitamos tiempo, así sea un poco, para experimentar, porque las recompensas de la experimentación suelen ser muy buenas. Por ejemplo, haces conexiones comerciales importantes que conducen a contratos lucrativos, como le ocurrió a Jonathan. O, como Adam, puedes dar a conocer tus habilidades frente a gente que esté interesada en contratar tus servicios.

Incluso si no tienes idea de cuál será tu máximo objetivo a nivel profesional, explotar el 20% de tu tiempo extra sigue siendo una buena idea. Eso es lo que descubrió la profesora universitaria Marlena Corcoran. Ella y su esposo se mudaron a Múnich hace 20 años, cuando a él le ofrecieron un puesto como profesor. Poco después de su llegada allá, ella recibió un correo electrónico de alguien que le preguntaba si le interesaría ser voluntaria en Brown University, formando parte del programa de entrevistas a los estudiantes, coordinando el área de Polonia. Por supuesto, Múnich no está en Polonia, pero ella recuerda: "La persona que me escribió era un entrevistador de la universidad que estaba desesperado", pues era muy difícil hacer contacto con los solicitantes polacos. Marlena, cuyo abuelo nació en Polonia, "comprendió de inmediato por qué: no puedes contactar en frío a las personas que viven en un país que antes fue comunista". De manera que ella ajustó los procedimientos y ese año terminó contactando al 100% de los solicitantes de Polonia.

Impresionada con su éxito, Brown University la ascendió casi de inmediato —todavía como voluntaria— a presidente del mismo programa en Europa del Este y luego como directora regional para Europa, África y Oriente Medio. "Se me ocurrió una idea en particular y resultó ser una muy buena, relata ella. "Descarté el modelo que se usa en Nueva Jersey, mediante cual el entrevistador se encuentra con el candidato en un Starbucks. En lugar de conectar a los solicitantes con sus entrevistadores según su posición geográfica, los conecté de tal modo que lo que importara no fuera su ubicación geográfica, sino ciertas afinidades por la región —etnia, programas universitarios similares, voluntad de aprender, lo que fuera que ellos tuvieran en común".

Su trabajo fue enormemente satisfactorio, sobre todo, porque, cuando ella logró ser profesora adjunta en Alemania, había luchado mucho por conseguir un cargo permanente. Después de ganar un premio, Marlena se dio cuenta que ella quería convertir "mi experiencia en el voluntariado en el trabajo de mi vida" e inició un negocio para ayudarles a los estudiantes internacionales a postularse a las mejores universidades de los Estados Unidos. Marlena descubrió su nuevo rumbo de forma orgánica, a través de su 20% de tiempo extra y, como le dijo su esposo: "Ahora, ya tienes el trabajo docente con el que todos los maestros sueñan".

Es posible que algunos de nosotros ya tengamos una idea general con respecto a la meta profesional hacia la cual queremos avanzar, pero no estamos seguros del camino que debemos tomar para llegar allá. La buena noticia es que haciendo buen uso del 20% de nuestro tiempo extra nos ayudará a saberlo.

Becky Last había pasado 15 años en la industria del turismo, pero se había alejado de ella en los últimos años y cualquier día descubrió que extrañaba todo eso que ella solía hacer. No estaba muy segura de cómo volver a empezar, así que decidió trabajar como voluntaria durante un año con Australian Volunteers International (el equivalente allá a Peace Corps), apoyando con su trabajo al Ministerio de Turismo en la pequeña nación insular de Vanuatu, en el Pacífico. "Mis amigos me decían que aquella era una pésima idea", recuerda Becky, "pero mi instinto me decía lo contrario". Para ella, esa sería su oportunidad de volver a conectarse con el campo de acción que amaba y ayudarles a otros desde allí.

Pero las cosas no salieron según lo planeado. No mucho después de estar desempeñando su cargo", cuenta ella, "un ciclón de categoría 5 arrasó al país y destruyó el sector, literalmente, de la noche a la mañana". La mayor parte de los empleados del ministerio, al igual que todos los demás en el país, fueron absorbidos por sus obligaciones tanto familiares como comunitarias. Entonces, Becky dio un paso al frente. "Como yo estaba entre los pocos empleados del ministerio con el ancho de banda suficiente para seguir trabajando, asumí la responsabilidad del análisis y la redacción de los daños y las pérdidas, así como de redactar un plan de recuperación del sector". Ella nunca había hecho nada ni siquiera parecido a eso. "Aquella era una responsabilidad bastante superior a la que había tenido en mi trabajo hasta ese momento y además no tenía nada que ver con mi experiencia en el sector privado". Sin embargo, Becky logró su propósito.

Sumergiéndose en la recuperación de Vanuatu, Becky trabajó de cerca con el Banco Mundial y con otras organizaciones donantes. "Como resultado, después de trabajar durante otros dos años en el ministerio, apoyando la reconstrucción de Vanuatu, dos de ellas me contrataron como su consultora en el área turismo". Hoy, Becky trabaja de tiempo completo en el Banco Mundial, encabezando una cartera de proyectos de desarrollo turístico en el Pacífico. Ella sabía que quería volver a conectarse de alguna manera con esta industria, pero el camino exacto para lograrlo fue bastante turbio. Sin embargo, siguiendo su instinto y aprovechando su tiempo como voluntaria, Becky desarrolló nuevas habilidades que le dieron paso a una oportunidad que ella nunca habría llegado a imaginar.

La otra razón por la que el 20% del tiempo extra es tan valioso es porque los proyectos nuevos suelen tardar un tiempo en transformarse en una buena fuente de ingresos. Christina Ryan, ahora líder sin fines de lucro en Australia, vivía comprometida, luchando por causas relacionadas con la justicia social. "Estuve involucrada en la defensa de los derechos de la mujer durante mucho tiempo y participé en varios grupos de trabajo a nivel nacional que representan a organizaciones de mujeres con algún tipo de discapacidad", recuerda ella. Durante más de 15 años, aquella fue una actividad en la que Christina participó como voluntaria.

A través de ese proceso, ella se convirtió en una reconocida experta en su campo, viajando incluso a las Naciones Unidas, en Nueva York, como parte de la delegación de Australia para negociar acuerdos cruciales sobre los derechos de la mujer. "Muchas otras organizaciones me pidieron que tomara el rol de género/discapacidad en grupos de trabajo y en delegaciones", hasta que llegó el momento en que ella comenzó a recibir pago por sus servicios. "Mi trabajo voluntario se convirtió en mi experiencia profesional durante la década que siguió", comenta Christina.

Sin embargo, a veces, la mejor razón para sacarle provecho al 20% del tiempo extra es, simplemente, porque queremos cumplir un sueño.

HAZLO REAL

Hay un millón de razones por las que es factible posponer un objetivo que, al menos en teoría, quieres lograr. Para Petra Kolber, autora y conferencista, su sueño era capacitarse para convertirse en DJ. —a sus 56 años de edad—. Por una parte, había sido una simple cuestión de dilación. Por otra parte, tenía dudas acerca de sí misma: ¿podría realmente lograrlo? Y, por otra parte, se trataba del deseo que ella tenía de hacer *las cosas bien*. "Si iba a ser DJ, quería hacerlo bien", afirma ella. "No iba a aparecerme y hacer un trabajo mediocre. Yo quería sorprender a la gente".

Por supuesto, esa es una barra muy alta cuando intentas algo que nunca antes has hecho. Todos enfrentamos obstáculos y barreras internas y, si deseamos usar el 20% del tiempo extra, mejorando y siendo cada vez mejores en el logro de nuestros objetivos, tenemos que aprender a ser más astutos. Las siguientes, son seis formas de lograrlo.

BUSCA EL APOYO ADECUADO

Cuando Petra anunció sus planes de aprender a ser DJ, uno de sus amigos con habilidad musical le compró un dispositivo que le permitía mezclar y tener una vista previa de la música. "Te ayudaré a prepararte para lograr tu meta de ser DJ", le prometió él.

"Si no tienes ese socio a quien rendirle cuentas", dice Petra, "y si no has pronunciado tu objetivo en voz alta, ni lo has escrito y declarado de alguna manera, cuando las cosas se pongan difíciles, es ahí cuando renuncias, pues piensas que el éxito de todos los demás es muy fácil". En otras palabras, Petra comprendió que su antídoto ante el fracaso era el apoyo de sus amigos de confianza.

CONTRATA UN ENTRENADOR

Petra tenía a su amigo que la ayudaba y la aconsejaba. Pero no todos conocemos a alguien que sea un experto en el área en la que nos gustaría incursionar. Hay mucho que podemos aprender en internet, pero una de las mejores formas de acelerar nuestro aprendizaje es contratando a un entrenador. Eso es lo que Zach Braiker hizo. Siendo el CEO de una consultoría de marketing e innovación, Zach siempre había sentido enorme interés por la Literatura. "Esa siempre fue mi clase favorita en la escuela secundaria y en la universidad, pero mis maestros me inspiraron a vivir el mejor estilo de vida que pudiera alcanzar", recuerda. Entonces, habiéndose convertido en un ocupado CEO, no tenía tiempo para leer tanto como le gustaba e incluso si lo hacía, tampoco tenía claro quién estaría dispuesto a compartir con él sobre el tema.

El caso es que la pandemia de Covid-19 le dejó algo muy claro: "Durante la cuarentena, la rutina diaria, la ansiedad, el trabajo desde casa, un mayor nivel de estrés, ciertos cambios constantes y ver gente con menos frecuencia terminaron por pasarme factura", dice. "Yo sabía que tenía que hacer lo que amaba, pero hice concesiones con demasiada frecuencia, centrándome en lo urgente más que en lo importante". Zach no iba a permitir que eso le siguiera sucediendo. "Entonces, hice una elección, una inversión para poner lo que amo en primer lugar y por encima de todo, y para hacerme responsable de hacer lo que amo", comentó él.

Así las cosas, Zach contrató a una entrenadora en el área de Literatura. Puede que a muchas personas no se les ocurra que tal cosa existe, pero Zach calculó que, ya que hay tantos tutores en línea, lo más seguro sería que encontraría a alguien dispuesto a entablar conversaciones sobre libros con él. Así que exploró una variedad de plataformas y por fin contrató a una estudiante de habla inglesa que estaba haciendo su Ph.D. en Literatura en una universidad mexicana. Así que todos los viernes por la noche se reunían durante una hora para hablar sobre una historia corta que acordaban leer desde la semana anterior y cuyos autores fueran desde Salman Rushdie a Raymond Carver y desde Ursula Le Guin a Jhumpa Lahiri.

"Primero que todo, compartíamos si, a nivel instintivo, habíamos disfrutado la lectura elegida y por qué", cuenta Zach. "Tomábamos turnos. Luego, elegíamos un personaje específico y empezábamos a analizar sus motivaciones, lo que nos sorprendió de él o ella, las decisiones que tomó. Además, observábamos cómo estaba construida la historia desde una perspectiva artesanal, junto con la técnica usada por el autor para lograr darle vida a la trama. Analizábamos el lenguaje, el ritmo, el uso de las figuras literarias y otros aspectos de esa índole".

Algunos podrían preguntar por qué Zach se tomaba el trabajo de hacer eso. Leer es genial, seguro, pero ¿por qué ir tan lejos como para pensar en pagar una entrenadora? "Esa clase me aportaba energía", dice Zach. "Cultivaba mi curiosidad de manera genuina. Es refrescante pasar el tiempo en el mundo de otra persona. Además, disfrutaba mucho escuchando las perspectivas de mi tutora. Es una persona muy aguda y siempre encuentra formas de mirar cada historia como yo nunca hubiera pensado. Aparte de eso, el hecho de que se tratara de alguien de otro país también me aportaba una forma completamente nueva de ver las cosas". Zach tenía claro el valor que le aportaba esa tutoría: "Quiero más Literatura en mi vida y, por lo tanto, no dejaré de acercarme a ella".

La estrategia de Zach es aplicable en muchos campos. Después que mi solicitud para asistir al taller de teatro musical de BMI fue rechazada, decidí volver a intentarlo al año siguiente, pero no iba a cometer el mismo error dos veces, así que contraté a una entrenadora. A través de un amigo, me conecté con Christina Cole, una letrista y compositora de la clase avanzada del taller de BMI. Ella analizó mis letras, les hizo algunas ediciones, me dio ciertas sugerencias y me ayudó a pulir mi solicitud de ingreso. Debo decir que, gracias a su ayuda, fui aceptada en el programa al año siguiente.

PONTE UNA FECHA LÍMITE

Siempre es fácil dejar las cosas para mañana. Después de todo, tendremos mucho tiempo en el futuro, cuando estemos menos ocupados.

La cuestión es que nunca estamos menos ocupados.

Lo que casi todos necesitamos para movernos y entrar en acción es una fecha límite. Y eso es justo lo que Petra Kolber consiguió durante la fiesta de lanzamiento de su libro *The Perfection Detox*. Estando en el escenario, el entrevistador le hizo la que bien pudo haber sido una pregunta innecesaria: "¿Qué sigue para ti, Petra?". Ella no había planeado anunciarlo, pero, sin pensarlo ni un segundo, mencionó su sueño de ser DJ. Más tarde, esa misma noche, un amigo suyo que dirigía uno de los mayores eventos de fitness en América del Norte, se le acercó. No tanto para hacerle una solicitud, sino para darle una especie de orden: "Dentro de un año, el próximo agosto, tú serás la DJ de nuestra fiesta VIP".

En ese momento, la cuestión no parecía ser del todo viable, recuerda Petra. "Yo le dije algo como, 'Ok, está bien. ¡Dentro de un año, supongamos que sí!'". Pero, a medida que el año avanzaba, Petra comenzó a darse cuenta de la enormidad de aquel compromiso: animar la fiesta posterior a un evento de alto perfil a la cual asistirán unas 600 personas. "No hay nada más aterrador para un DJ que ver una pista de baile vacía", aseguró ella. "Y saber que tú vas a ser la persona responsable de llenar esa pista. Había mucho en juego, junto con un alto potencial de sufrir una humillación pública si las cosas no funcionaban".

Con la fecha límite a la vista, Petra dejó de titubear. Ahora, aprender a ser DJ se había convertido en un asunto serio, así que decidió incrementar su entrenamiento.

MANTÉN EN MARCHA TU APRENDIZAJE

El trabajo de Petra en el evento de fitness VIP resultó ser un éxito total. "Sabía qué canción querían escuchar y cuál llenaría la pista", recuerda ella. Para muchos de nosotros, sobre todo, si no estamos planeando convertir ese proyecto en el que trabajamos el 20% extra de nuestro tiempo en un trabajo de tiempo completo, sería fácil dejar de hacerlo una vez que termine el gran evento.

Pero después de haber hecho todo el trabajo, hacer eso sería un error. Lo que tienes que hacer es sentar las bases que te ayuden a solidificar tu aprendizaje y seguir creciendo.

Entonces, cuando Petra visitó un bar situado en una azotea al otro lado de la calle donde ella tenía su apartamento en la Ciudad de Nueva York, vio una oportunidad y le preguntó al cantinero: "¿En algún momento te interesaría traer aquí un DJ?". Él le dijo que el hotel acababa de lanzar una serie de eventos, Rosé on the Rooftop, y para su asombro, le pidió que actuara la semana siguiente. "Eso fue increíble", recuerda ella. "Allí, conocí gente de mi vecindario, encontré un estilo diferente de ser DJ, mediante el cual no tengo que generar una energía incontenible durante la presentación. Ahora, sé que también es posible ser el trasfondo musical en medio de la experiencia de la cual están disfrutando los clientes del lugar, mientras saborean unos tragos. Así que aquella fue una excelente manera de practicar, tomando riesgos menores".

Petra aprovechó la oportunidad para correr riesgos musicales. "Hice distintas mezclas y a veces pasaba de Hamilton a P. Diddy. Era como, 'Esta mezcla tendría buen ritmo. Déjame intentarla'". Lo cierto es que ella aprende y mejora cada vez más. Y si algo no le funciona del todo bien, ese no es el fin del mundo.

Inspirada por su experiencia de aprender a ser una DJ, Petra decidió revisar qué otras expectativas tenía y, dos años después, encontró otra gran oportunidad: cumplir el sueño que tenía desde hacía tiempo de pasar un año viajando por el mundo, al mismo tiempo que trabajaba por el camino en calidad de "nómada digital".

GANA —INCLUSO SI PIERDES

Esta es la mejor manera de reducir el riesgo al usar el 20% de tu tiempo y esfuerzo extras: asegúrate de que, incluso si pierdes, aun así, ganes. Eso fue lo que hizo Jonathan Brill cuando asumió el proyecto de la Feria Mundial, sabiendo que, fuera cual fuera el resultado que obtuviera, por el camino desarrollaría nuevas habilidades y establecería conexiones valiosas. Es útil identificar cuál es el beneficio mínimo que obtendrás de una situación u oportunidad determinada, incluso si nada más surge en tu camino. Quizá, te estés vinculando a una nueva industria o haciendo conexiones en una región específica o aprendiendo sobre un nuevo modelo de software o practicando habilidades valiosas como hablar en público. Si solo ese resultado mínimo te suena intrigante, entonces, es probable que ese proyecto sea una buena apuesta. Cualquier beneficio adicional —posibles ofertas de trabajo u oportunidades de consultoría u otros beneficios que ni siquiera puedas prever— es, simplemente, la cereza en el pastel.

PIENSA EN TÉRMINOS DE DÉCADAS

Hay un dicho muy conocido: sobrestimamos todo lo que podemos lograr en un solo día y también lo que es posible lograr en un año. Eso es cierto y es aún más cierto que subestimamos radicalmente todo lo que podemos lograr en una década. Al igual que ocurre con una inversión en el mercado de valores, cuando inviertes tu tiempo en proyectos que requieren del 20% de esfuerzo extra, el poder del interés compuesto que recibes como resultado es dramático. Lo que al principio parece pequeño y sin sentido, en últimas, te permite poner una gran distancia entre tus competidores y tú.

La tradición teatral afirma que se necesitan siete años, en promedio, para que un espectáculo llegue a Broadway. Tienes que escribir el programa, por supuesto, y ponerlo en tan buena forma que te sientas orgulloso de él. Después, necesitas recaudar fondos para los sucesivos talleres de producción que tendrás que realizar, durante los cuales continuarás revisando tu obra y, con suerte, interesar a un productor real. Ellos recaudarán todavía más capital para hacer presentaciones fuera de Broadway (como *Hamilton*, que comenzó en el Public Theatre de la Ciudad de Nueva York) y tal vez para hacer una prueba fuera de la ciudad (muchos shows se presentan primero en ciudades como Boston o Chicago o San Diego antes de dirigirse a Broadway). Por último, es hora de dirigirse al gran momento en Broadway, donde cuesta un promedio de $4 millones de dólares presentar una obra y unos $15 millones o más hacer un musical. Ese solía ser un proceso lento y laborioso incluso antes de que la pandemia por el Covid causara tantos estragos en la industria.

Entonces, tienes que tener paciencia.

Por eso, en 2016, cuando me asaltó por primera vez la idea de que necesitaba escribir un musical, creé un plan de una década de duración hasta lograr presentar mi musical en Broadway. Sabía que necesitaba una pista larga —tiempo para aprender el oficio, perfeccionar mis habilidades, hacer las conexiones necesarias y avanzar en el proyecto—. No sé si en algún momento escribiré un show que llegue a Broadway para la temporada 2026. Es posible que mis prioridades cambien de aquí a allá o que el mundo exterior se transforme.

Sin embargo, lo que sí sé es que he avanzado muchísimo más que si no hubiera hecho un plan a largo plazo, ni empezado a desarrollarlo. En los años que han transcurrido desde entonces, he pasado de ser una novata a un competente letrista de teatro musical y cuento con un pedigrí que pertenece a uno de los mejores programas de formación en este campo. Sabiendo que necesitaría entablar relaciones con los productores, también comencé a invertir en Broadway y en otras producciones teatrales en 2017, junto a mi amiga Alisa Cohn. Hasta ahora, hemos invertido en tres shows de Broadway (incluido uno que fue ganador de un Premio Tony) y en una producción que estuvo de gira por Australia y Nueva Zelanda. En el proceso, conocimos y nos hicimos amigas de casi dos docenas de productores. Por supuesto, nada de eso garantiza el éxito hacia mi objetivo, pero conocer a las personas adecuadas me educa más sobre todo el proceso y eso, ciertamente, no es nada doloroso, sino algo que bien vale la pena saber.

Demasiados profesionales se recriminan a sí mismos, porque aún no saben en qué consiste su máxima visión. Eso está bien —de verdad, acaso, ¿quién lo sabe?—. Las cosas cambian todo el tiempo y parte del éxito radica en saber aprovechar todas aquellas oportunidades en las cuales jamás habríamos pensado. Por esta razón, el premio que recibimos como resultado del buen uso del 20% de tiempo extra es, más que todo, que cuando pensamos en décadas, incluso si ocurren cambios por el camino, cada pequeño paso que damos ahora se irá volviendo cada vez más importante con el tiempo y nos brindará más opciones en el futuro.

Entonces, mediante un 20% de tiempo extra bien utilizado, podemos darnos el lujo de experimentar sin recibir consecuencias negativas —pues siempre estaremos aprendiendo—. Pero surgen preguntas importantes: una vez que identificamos una idea o un concepto prometedor, ¿a dónde nos dirigiremos a partir de ese momento? ¿Cómo y por dónde empezaremos? ¿Cómo convertiremos ese emprendimiento en algo real y duradero?

Recuerda:

- Nadie te dará oportunidades de desarrollo servidas en bandeja de oro. Tú debe buscarlas de forma proactiva.

- Piensa en dedicar el 20% de tu tiempo extra a explorar nuevas áreas. Ese es tiempo suficiente para tener una idea significativa de si disfrutas de alguna de ellas y saber si la que elijas tendrá el potencial de ser impactante, pero no tanto como para convertirse en una inversión que terminará arruinándote si no te funciona.

- El mejor momento para probar nuevas ideas es cuando te encuentras en una posición sólida, no cuando estás debilitado y te sientes desesperado por encontrar la "próxima meta" tras la cual ir. ¡Empieza a planificar desde ahora!

- Pregúntate: "¿Cómo puedo ganar, incluso si pierdo?". En otras palabras, incluso si la apuesta que realizas con tu 20% de tiempo extra no funciona, ¿habrá otros beneficios que puedas obtener y que sigan siendo valiosos para ti? (Por ejemplo, construir tu red de mercadeo o adquirir nuevas habilidades).

- Piensa en términos de décadas. Si todos los demás están pensando en lo que harán en unos meses o dentro de unos años, podrás crear una magnífica ventaja competitiva a tu favor si estás dispuesto a ir despacio —y a enfrentar ciertas pérdidas o contratiempos a corto plazo— con el fin de lograr metas mucho más importantes durante los siguientes 10 años o más.

Capítulo 5
LA TÉCNICA DE PENSAR EN OLAS

Imposible hacerlo todo a la vez —eso es muy obvio—. Pero una trampa en la que muchos profesionales talentosos caen es elegir una actividad o un campo de acción en los que sean buenos y, simplemente, siguen haciendo eso mismo para siempre. Se sienten productivos y, hasta cierto punto, lo son.

Sin embargo, llega el momento en que se frustran y esa frustración los hace preguntarse por qué su carrera no avanza más rápido o por qué sienten que se han estancado. A menudo, es porque ya han exagerado en el uso incesante de sus mismas fortalezas, una y otra vez, ignorando así áreas en las que no son tan destacados o en las que no se sienten interesados o en las cuales tienen miedo de correr riesgos.

Por ejemplo, para un escritor termina siendo fácil escribir un libro después de otro. Después de todo, ya conoce cómo es el proceso de investigar para luego poner sus pensamientos sobre el papel, de modo que hace más de eso mismo, asumiendo que esa es la fórmula ganadora. En cambio, tendría mucho más éxito si, por ejemplo, se lanzara a *comercializar* cada uno de sus libros, mediante entrevistas en podcast, seminarios web, discursos, artículos y cualquier otro tipo de mercadeo. Parece obvio, pero muchos estamos atrapados en nuestra propia versión de ese error.

El secreto es comprender en qué parte de ese proceso te encuentras y tomar decisiones estratégicas sobre cuándo enfocarte en eso que sueles hacer muy bien y cuándo cambiar de foco. A continuación, hablaremos sobre cómo hacer ese cambio.

INVIERTE ESTRATÉGICAMENTE

A menudo, ocurre que consigues el mayor progreso posible cuando te enfocas por encima del 100% en un objetivo clave y no en varios a la vez. Por eso, es importante que te preguntes: "¿Dónde obtendré el mayor retorno de mi inversión ahora mismo y cómo podría hacer tanto como me fuera posible?". Es fácil diferenciarte de los demás cuando inviertes de manera estratégica.

Esa fue mi estrategia cuando comencé a asistir a las conferencias realizadas por Renaissance Weekend. No las confundas con las ferias sobre temas medievales relacionados con el Renacimiento. Renaissance Weekend fue fundada en 1981 por Phil y Linda Lader y comenzó siendo una cordial reunión que ellos realizaban con sus amigos durante Año Nuevo. A medida que ambos aumentaban su fortuna profesional —Phil se convirtió en embajador en el Reino Unido[1] durante la Administración de Clinton— el evento fue creciendo y llegó el momento en que atrajo más de 1.000 asistentes de alto nivel, junto con una especulación sin límite por parte de los medios sobre aquellas reuniones extraoficiales a las que tanto el presidente Clinton como otras celebridades asistían con regularidad. Siendo una adolescente que crecía en un pequeño pueblo de Carolina del Norte, que vivía obsesionada con la política, hasta yo me enteré de ellas y quería asistir. Por supuesto, no estaba segura de cómo llegaría allí —mis padres estaban lejos de estar enterados del asunto—, pero mi intención era clara.

Más de una década después, todavía no conocía a nadie que pudiera ayudarme a entrar a esa reunión y en el sitio web decía claramente: "Solo por invitación". De todos modos, yo decidí intentarlo. Escribí una carta sincera, dando a conocer mis credenciales (a los 29 años de edad, no tenía muchas), junto con mi deseo de asistir desde hacía ya largo tiempo, razón por la cual quería preguntar si me admitirían. Para mi asombro, un par de meses más tarde, me llegó una tarjeta por correo. No contenía ninguna explicación, ni una carta de presentación, sino una lista de las siguientes cuatro reuniones y un formulario de inscripción. Yo solo tenía dos años de haber iniciado mi negocio, así que el dinero que manejaba todavía era escaso. Sin embargo, tenía miedo de que invalidaran mi invitación y decidí que sería más difícil para ellos hacerlo si ya habían aceptado mi dinero. Entonces, revisé la inscripción y sin tanto pensarlo me inscribí en todas y cada una de las reuniones que había en la lista y cuyo valor total era de más de $10.000 dólares, si incluir el hotel, ni el pasaje aéreo.

Aquel no fue un gran acto de fe, porque tenerla habría implicado tomar riesgos y saber manejar la incertidumbre. Lo que pasó es que yo había hecho mi investigación lo suficientemente bien como para saber que construir una red de gente interesante y de alto nivel era mi máxima prioridad en ese momento y sin duda alguna aquel era el lugar adecuado para comenzar a construirla.

En efecto, el primer evento no fue fácil para mí. Parecía haber una multitud de clientes habituales, pero yo no conocía a ninguno de ellos. Me sentí sobrecargada al conocer a cientos de personas a la vez y al tratar de siquiera intuir las normas de esta nueva comunidad, pero no di marcha atrás: me registré para asistir a tres más. Y, en el transcurso de un año, me sentí cada vez más cómoda en ese ambiente. El tercer evento fue para mí como si yo fuera ese alcalde que va saludando a sus viejos amigos y hablando con todo el mundo. Hoy en día, no asisto tan seguido a ellas, pero los beneficios de esa sobrecarga es que suelo encontrarme con gente que conocí durante esa época o que alguno de esos contactos me presenta a algunos de los suyos.

Este mismo principio funcionó a comienzos de 2012, cuando empecé a escribir para *Forbes*. Para ese entonces, yo ya había comenzado a escribir para *Harvard Business Review*, que delimita drásticamente la cantidad de artículos que publica en línea: solo unos cinco por día y muchos menos en la versión impresa. De modo que, sabiendo que la creación de contenido sería fundamental para construir mi marca y mi negocio, tendría que escribir mucho más que eso, lo cual significaba que necesitaría conseguir otro lugar en el cual compartir mis ideas.

Así las cosas, empecé haciendo una lista de más de dos docenas de medios —periódicos nacionales, diarios regionales, televisión por cable, incluso alguna prensa extranjera prominente— y averiguando si allí aceptaban artículos en línea de personas como yo, que no eran sus empleados. Uno por uno, contacté a todos los medios que me parecieron destacados, ofreciéndome a escribir gratis para ellos… y solo tres me respondieron. Entonces, les envié algunas ideas sobre historias que podría escribir, pero dos de los que me contactaron desaparecieron y nunca más supe de ellos. Solo hubo uno, *Forbes*, que estaba aumentando su lista de colaboradores y quería saber si yo estaría disponible para incorporarme de inmediato a su equipo. De modo que, en los siguientes 10 días, ya había publicado mi primer artículo.

Tenía dos opciones: escribir para *Forbes* de vez en cuando y de forma gratuita o comprometerme con ellos a escribir, como mínimo, cinco artículos por mes y convertirme en una contribuyente remunerada. Opté por lo último, no porque estuviera desesperada por el dinero (era modesto, por decir lo menos), sino porque me servía para enfocarme. Con un contrato en mano, tenía que enfocarme en enviarles mis escritos, la cual era una de mis metas.

Durante los años siguientes, escribí más de 250 artículos para *Forbes*. A veces, hasta 10 en un mes. Aproveché esa oportunidad para hacer crecer drásticamente el reconocimiento de mi nombre, mi número de seguidores y el tamaño de mi red. Contribuyó el hecho de que, la mayoría de las veces, para escribir mis artículos, entrevistaba a un autor o a un líder corporativo. Algunas personas en posiciones similares a la mía habrían dicho: "Estoy ocupado, ¿por qué no hago lo mínimo necesario solo como por decir que escribo para *Forbes*? Y, dependiendo de dónde te encuentres en tu carrera, esa podría parecer la mejor estrategia, pero hay veces en que, si la oportunidad que tienes frente a ti se alinea perfectamente con tus objetivos, es posible que desees sobreinvertir en ella de manera calculada y estratégica.

SEGURIDAD VERSUS INSEGURIDAD

Otro marco de acción que me ha sido útil, ya que he aprendido a navegar en medio de muchas responsabilidades, así como a determinar dónde enfocarme, es aplicando los conceptos de *seguridad e inseguridad*. Escuché de esto por primera vez, conversando con Jared Kleinert, un emprendedor con sede en Atlanta y editor de *2 Billion Under 20: How Millennials Are Breaking Down Age Barriers and Changing the World*.

Recuerdo que lo estaba entrevistando para escribir mi libro *Entrepreneurial You* y él empezó a hablar sobre el "síndrome del objeto brillante" y de lo difícil que es para muchos emprendedores —y, francamente, para muchas personas— abstenerse de ir tras su próximo gran proyecto sin siquiera haber terminado aquel en el que están trabajando todavía. A corto plazo, eso es lo menos recomendable de hacer, porque saltar de una actividad a otra nunca permite que ninguna idea, por maravillosa que sea, tenga el tiempo que necesita para germinar y florecer. "Es muy difícil identificar qué es lo principal en lo que deberías estar trabajando, porque eso solo puedes verlo en retrospectiva", me dijo Jared. Es posible que tengas un proyecto exitoso entre manos, "pero no dejas de preguntarte si es eso lo que en realidad debo hacer. ¿Será necesario dedicarle tiempo a averiguarlo? ¿Sería mejor si intento otras cosas y veo si funcionan o no?".

Jared me dijo que no hay por qué sentir vergüenza al querer intentar otras cosas, "pero solo si estás seguro de hacerlas. Si te sientes inseguro en lo que estás haciendo e identificaste que hay algo que te funcionaría más y mejor, no dudes en cambiar de plan y hacer aquello que ves que te reportaría mayores beneficios".

Según Jared, hay un modo para cada proyecto y es esencial para saber en qué modo te encuentras. "Puedes estar en modo seguro, buscando nuevas oportunidades o quizás estás en modo inseguro, simplemente, ejecutando y enfocándote". Si confundes estos dos modos —buscando siempre algo mejor cuando deberías estar duplicando lo que te está funcionando o duplicando algo cuando todavía no has examinado lo suficiente qué posibilidades de éxito tienes— lo único que obtendrás serán problemas.

En los años posteriores, adopté el credo de Jared. Apartaba bloques de tiempo —por lo general, de tres a seis meses— bien fuera en modo explícito de seguridad o en modo explícito de inseguridad. Si estaba en el primero, me divertía preparando cenas, haciendo llamadas y reuniones con el fin de establecer contactos; aceptaba entrevistas e invitaciones a participar en podcasts con el fin de promocionar mi trabajo. Pero todo eso cambiaba cuando entraba en modo inseguridad. Entonces, rechazaba todas las solicitudes que recibía, menos las más urgentes, y pasaba horas inmersa, trabajando a profundidad en proyectos como desarrollar un nuevo curso en línea o escribir un libro. Este enfoque me permite concentrarme cuando sea necesario, agrupar actividades que sean similares (para disminuir la carga cognitiva de la multitarea) y cambiar mis rutinas con el fin de mantenerme actualizada.

Cuando haces ejercicio, se supone que no debes levantar pesas todos los días, pues los músculos necesitan tiempo para recuperarse, sanar y volver a crecer más fuertes. Del mismo modo, eres más eficaz cuando trabajas en ciclos que si avanzas con dificultad, repitiendo las mismas tareas todos los días. Por eso, alternar lo que te genera seguridad con lo que te hace sentir inseguridad te permite aprovechar a tu favor el poder del enfoque. Y en un nivel más amplio, esa es la idea detrás de la cual desarrollé el concepto al que opté por llamar "pensar en olas".

PENSANDO EN OLAS

Cuando se trata de tomar decisiones inteligentes con respecto a dónde asignar nuestro tiempo, he llegado a creer que lo mejor es *pensar en olas*. Existen cuatro olas esenciales que son clave para convertirte en un experto reconocido en tu campo: aprender, crear, conectar y cosechar. Como mareas oceánicas, tenemos que aprender a ir remontando sobre cada una e ir haciendo la transición a la siguiente ola. Tratar de aferrarte a una ola durante demasiado tiempo conduce a la frustración y al estancamiento. Y, cuando puedes absorber las lecciones que te deja cada una y luego cambias a la siguiente sin generar disrupción alguna, ese cambio te permite seguir creciendo, desarrollándote y avanzando hacia tus metas.

APRENDIENDO

A mediados de la década de 2000, yo era la directora ejecutiva de una organización sin ánimo de lucro enfocada en la defensa del ciclismo. Me gusta pensar que esa fue una labor noble: presionamos para que hubiera más carriles para las bicicletas, portabicicletas en los autobuses, más desarrollo de vías para las bicicletas y otras causas más. Ese también fue el trabajo más estresante que jamás haya hecho en la vida hasta el momento. Decir eso suena extraño —dado que mi cargo anterior había sido como directora de prensa de una campaña presidencial en la que trabajaba siete días por semana, tiempo en el que vivía crónicamente privada de sueño—. El caso es que, en la organización sin fines de lucro, yo era casi la única persona responsable de nuestras finanzas y el 100% de ellas consistía en mantener empleados tanto a los dos colaboradores que teníamos como a mí misma. Años atrás, mi predecesor había obtenido una gran subvención del gobierno, pero esta expiró justo cuando él se fue, así que yo tendría que recaudar $150.000 dólares por año, casi desde cero, o quebraríamos.

Durante dos años, lo logré e incluso logré duplicar el tamaño de nuestra base de miembros. Pero hacia la mitad de mi administración, un pensamiento llamó mi atención: no solo estaba dirigiendo una organización sin fines de lucro, sino que también estaba dirigiendo un negocio de seis cifras. Entonces, me di cuenta de que podía hacer eso mismo por mí. Nunca antes había pensado en convertirme en una emprendedora. Mucha gente piensa que iniciar un negocio por su cuenta es riesgoso. Pero para mí, que estaba ganando $36.000 dólares al año y despertando, mínimo, dos veces por semana en medio del sudor, preocupada por el futuro de nuestra pequeña organización, comenzar mi propia práctica de consultoría parecía una opción bastante lucrativa y sencilla. Si la meta era conseguir ingresos de $3.000 dólares al mes, estaba segura de que encontraría una manera de superar esa cifra.

Simplemente, no sabía por dónde empezar. A ese punto, ya había desarrollado muchas habilidades: había sido reportera y directora operativa de una campaña política; sabía escribir y hablar bien. Sin embargo, nunca había tenido que iniciar un negocio, ni ganar un cliente. Algunas de las experiencias que estaba adquiriendo en la organización sin fines de lucro eran transferibles a otros campos de acción —diseños web simples, construcción de bases de datos y cosas similares—; pero el resto de actividades que implica iniciar y mantener un emprendimiento eran desconocidas para mí por completo. Entonces, decidí aprender al respecto.

Durante todo un año, me comprometí a estudiar. Hice una lista de todas las cosas que no sabía y que sospechaba que necesitaba para iniciar mi negocio. Los sábados, tomaba cursos de un día en el centro local de educación para adultos. Allí aprendí sobre cómo escribir un plan de negocios, cómo diseñar presentaciones en PowerPoint y cómo llevar una contabilidad básica. Además, convencí a mi empleador de que me pagara estos cursos —no era mucho—, con el argumento válido de que todas esas habilidades me ayudarían a desempeñarme mejor en mi labor con la organización sin fines de lucro. Eso era cierto, pero también me pasaba que, en ese momento de mi vida, para mí era mucho dinero tener que pagar hasta un sencillo curso de $89 dólares.

Fuera de eso, me convertí en la lectora más asidua de mi biblioteca local, pues en cada visita seleccionaba y leía toda una brazada de libros. Pasaba las tardes enteras leyendo clásicos de la literatura empresarial, desde *The E-Myth Revisited*, de Michael Gerber, hasta *Never Eat Alone*, de Keith Ferrazzi y *Good to Great*, de Jim Collins. También tomaba nota de las referencias que aparecieran en las notas de pie de página de los libros y las consultaba para ver qué más debería estar leyendo para así ensanchar mi conocimiento en los temas que en esos momentos fueran de mi interés.

En pocas palabras, yo sabía que tenía que sumergirme en el aprendizaje antes de construir mi negocio, porque, si no lo hacía, ¿quién iba a tomarme en serio? Aquello no era una cuestión de falta de autoestima, sino de un hecho palpable y real. No tenía un MBA, ni un doctorado en negocios; ni siquiera había trabajado en una corporación. Lo que tenía como credencial era una especialización en filosofía y un posgrado en teología. Por supuesto que esas son credenciales sólidas, pero no necesariamente una razón convincente por la cual los ejecutivos corporativos quisieran escuchar mis consejos financieros. Dados mi experiencia y mi enfoque, sospechaba que lo más probable sería que participaría en algunas convenciones una vez comenzara mi negocio, pues esa es una buena forma de darte a conocer. Pero tienes que hacerlo de manera decidida y consciente, sabiendo en primer lugar cómo es y de qué se trata la convención. De lo contrario, sería una total ignorancia.

Parte de jugar a largo plazo es comprender que no siempre puedes saltar al ruedo de inmediato. Yo sé que movernos a paso lento suele hacernos sentir como si estuviéramos perdiendo el tiempo. Sin embargo, cada momento que pasas, comprendiendo la naturaleza del juego y cómo este funciona, te hace más fuerte una vez entras a jugar.

Por supuesto, hay límites. Una vez, tuve que ayudarle a una amiga quien siempre se quejaba de que su negocio no estaba creciendo de la manera que ella quería. Después de una rápida ronda de preguntas, la razón de que esto sucediera se hizo evidente: en lugar de hacer cosas que le generaran clientes, como pedir referencias o escribir artículos que le dieran publicidad, ella seguía inscribiéndose a nuevos cursos y obteniendo más y más certificaciones. En conclusión, resultó que mi amiga había gastado incontables sumas de dinero buscando el entrenamiento que haría que los negocios le cayeran en su regazo de la manera más mágica, veloz y rápida posible. Pero el aprendizaje no genera ingresos por sí solo. Es un paso importante que hay que dar a lo largo del viaje, pero es solo la primera ola. Así, una vez una vez que te hayas familiarizado con los parámetros y las ideas básicos que rigen en tu campo de acción, y hayas comenzado a formular tu propia perspectiva, es hora de crear y compartir tus ideas.

CREANDO

Comienza invitando a algunos amigos. Era 2016 y Kara Cutruzzula había dejado su trabajo como editora de una revista para convertirse en periodista freelance. "No tener compañeros de trabajo es genial en algunos aspectos", comenta ella, pero le parecía una actividad un poco solitaria. Así que, una vez al mes, planeaba una fiesta. La llamaba Brass Ring Summit e invitaba a algunos amigos a su apartamento para ponerse al día unos con otros y charlar. Pero Kara quería que sus reuniones fueran *útiles*, así que todos sus invitados hacían una especie de recorrido en círculo y compartían unos con otros algunos consejos sobre productos o servicios que les hubieran encantado, cosas que pudieran ofrecer o que otros estuvieran buscando (consejos, consultorías, eventos sociales, un nuevo compañero de cuarto, etc.). Kara también se tomaba unos minutos y compartía con los demás lo que ella tuviera para sugerir. El caso es que, en algún momento, alguien sugirió: ¿por qué no convertir toda esta información en un boletín de noticias?

Cuando escribir es tu trabajo diario, la idea de comenzar un boletín puede sonar igual a como le suenan las vacaciones a un conductor de autobús. Pero Kara intuyó que la práctica regular de la escritura le ayudaría a perfeccionar su capacidad literaria y a mantenerse alerta como escritora. Además, le serviría como antídoto contra la naturaleza variable que trae consigo el hecho de ser freelance. "Dependes de otras personas en cuanto a establecer fechas límite y a recibir trabajos por hacer", manifestó ella, "en cambio, esto parecía ser algo que estaría totalmente bajo mi control. Entonces, incluso si no tenía nada más que hacer, sentiría que estaba produciendo alguna cosa".

Kara comenzó el *Brass Ring Daily* con una base de 30 suscriptores: la lista de invitados de sus fiestas mensuales en casa. Casi todos los días de la semana de los últimos años, ella ha publicado un boletín. Su lista de lectores ha crecido de manera significativa (ahora supera los 4.000), pero sigue siendo una audiencia relativamente pequeña y el boletín no genera ingresos directos. Entonces, ¿por qué se molesta ella en hacerlo?

Lo que ocurre es que el boletín tiene un beneficio oculto del cual ella no se dio cuenta cuando lo lanzó hace varios años. Algunos de los editores con los que ella trabaja se han suscrito y "el boletín se ha ido convirtiendo en una forma por medio de la cual consigo más trabajo, porque ellos ven mi nombre en su bandeja de entrada todos los días", comenta Kara. Al compartirles artículos que ella ha escrito o que le parecen interesantes, les ayuda a los editores a tener idea de los temas en los que ella se destaca. "Es algo que ocurre casi de modo subliminal —ellos saben que pueden contactarme en cualquier momento y además se enteran de los temas en los que estoy trabajando y en los cuales estoy disponible [para las asignaciones que ellos necesiten que yo cubra]".

Una de las mejores cosas que le han pasado a Kara —y que surgió a raíz de su boletín— fue que una editora de libros le envió un correo electrónico. Kara recuerda que ella le escribió: "Estoy trabajando en un diario motivacional y vinieron a mi mente todas esas cosas sobre las que tú escribes en *Brass Ring Daily*, así que pensé: '¿Por qué no le pregunto a Kara si quiere publicarlas?'". Fue así como Kara firmó el contrato para publicar su primer libro, llamado *Do It for Yourself*. Gracias al boletín, "la editora ya parecía conocer mi trabajo y este correspondía a la perfección con lo que ella necesitaba".

Aprender tu oficio es un primer paso esencial, pero si quieres que la gente te reconozca, junto con la contribución única que puedes hacer, en cierto punto, debes comenzar a moverte hacia la segunda ola: crear. Es indudable que llega el momento en tu vida en que ya has absorbido perspectivas e ideas de los demás y has aprendido lo suficiente como para tener la capacidad de evaluarlos. Algunas ideas se destacarán y otras parecerán estar completamente equivocadas, así que las descartarás por completo y/o las tamizarás hasta convertirlas en tu propio punto de vista. De manera que creando es cómo contribuirás a tu campo de acción y atraerás personas de ideas afines a las tuyas y a tu negocio.

Crear contenido y compartir tus ideas puede ser un pequeño paso, como le ocurrió a Kara con sus 30 suscriptores iniciales.

Aun así, es un paso poderoso, porque les da a los demás una forma de descubrirte, como fue el caso de la editora de libros que se acercó a Kara. Escribir es un método para compartir tus ideas, pero no es el único; también puedes hacer conferencias o realizar seminarios web o presentar un podcast o crear tutoriales en video en línea. La clave es volverte "accesible" a las personas con las que más te gustaría hacer negocios.

Eso implica cierta valentía. Tal vez, sea cuestión de poner un enlace en los boletines que escribes y envías por correo electrónico, dando así a conocer lo que tú quieres que otros sepan sobre ti, como hace Kara. También podrías postularte para presentar una conferencia o publicar un artículo que escribiste en la web de tu empresa. El hecho es que crear contenido y compartir tus ideas es una parte crucial de esta ola, así como también lo es la que sigue: entrar en un escenario más grande y aumentar tus conexiones.

CONECTANDO

Como muestra el ejemplo de Kara, con el tiempo, tu capacidad de alcance crecerá, pero solo si eres consistente. Ten presente que, aunque al comienzo sea divertido conectarte cada vez con más personas, suele ser un desafío mantener ese impulso de hacerlo. El primer mes, esta será una actividad emocionante y novedosa, así que el entusiasmo te empujará durante dos, tres y hasta cuatro meses.

Pero, ¿qué sucede cuando ya llevas seis meses y sigues conectado con las mismas 30 personas del comienzo? Incluso si has logrado hacer contacto con 60 o 100, existe la probabilidad de que empieces a preguntarte: *¿Vale la pena todo este esfuerzo?* Esa es una pregunta muy válida, sobre todo, si estás desenvolviéndote en un área en la que no tienes mucha experiencia o si te asaltan ciertas dudas con respecto a las habilidades que deberías tener y sientes que no tienes. A este punto, lo que podría ayudarte tanto a aumentar tu audiencia como a obtener el apoyo y el estímulo que necesitas para seguir adelante es la tercera ola: conectarte. Esto fue lo que le ocurrió a Albert DiBernardo.

Al había pasado más de 40 años desempeñándose como ingeniero y estaba trabajando como vicepresidente ejecutivo en una importante empresa en la Ciudad de Nueva York cuando decidió anunciar su plan de retirarse una vez cumpliera 65 años. Al no estaba seguro por completo de cuál sería su próximo paso a seguir a partir de ese momento, pero lo que sí sabía era que no quería llevar la tradicional vida de retirado, sentado a la orilla de la playa.

Fue entonces cuando, una vez que inició su cuenta en Facebook, vio una publicación de un amigo que anunciaba que acababa de convertirse en entrenador certificado —una carrera que Al ni siquiera sabía que existía—. El caso es que esa noticia lo intrigó. "Tomé el tren hasta Newark, invité a mi amigo a almorzar y le dije, '¿Cómo es eso de que vas a dedicarte a hacer *coaching*?'. Su explicación me llamó la atención de inmediato. Mi amigo se sentó frente a mí y me explicó todo el asunto. Entonces, vino a mí ese 'ajá', como esa especie de 'epifanía'".

A lo largo de los años, la parte de su trabajo que más le había gustado a Al era la de asesorar a los líderes más jóvenes sobre cómo desarrollar sus habilidades —y no había duda de que esta era la oportunidad para hacerlo de tiempo completo—. Entonces, con esta claridad en mente, decidió saltar al campo del aprendizaje y sumergirse en él. Se inscribió en mi programa Recognized Experts, al igual que a otras capacitaciones y certificaciones relacionadas con entrenamiento en salud, nutrición e inteligencia emocional. "Pasé por una fase tan interminable de certificaciones, entrenamientos y grados, que creo que me habrían alcanzado para pavimentar a todo Brodway", bromea Al.

Pero, a diferencia de otro de mis amigos —que no dejaba de tomar clases como una excusa para evitar el hecho de tener que comenzar a construir su negocio—, Al no se detuvo allí. Los entrenamientos le enseñaron metodologías para complementar su sentido intuitivo de cómo entrenar a otros, pero la parte más importante de unirse a esas comunidades, dice él, fueron las conexiones que hizo. Después de todo, fue la conexión que hizo con su amigo en Newark la que le mostró el camino hacia el *coaching*. Y a medida que él avanzaba en su exploración en ese campo, sus nuevas relaciones iban manteniéndolo activo.

Al sabía lo que podría pasar si no lo hubiera hecho de esa manera: "Vi mucha gente retirarse de la profesión [de ingeniería] y todas esas cuasi relaciones que ellos establecieron terminaron desvaneciéndose, porque eran nada más situacionales". Al mismo había visto a muchos caer en espiral hacia la depresión y a la pérdida de significado cuando dejaron sus trabajos. En cambio, él desarrolló una serie de nuevos amigos y colegas. "Me di cuenta que las nuevas relaciones que estaba haciendo me estaban motivando e impulsando a hacer otras cosas que también me parecían interesantes. Aquello fue como una droga milagrosa para mí".

Al todavía no sabía cómo ser entrenador, ni cómo adquirir práctica, pero se rodeó de gente de la cual podía aprender. "Lo que hice fue incursionar en otros campos y conectarme con otra gente", dice él, "y a lo mejor, en este momento, tú no sepas quiénes son esas personas de ideas afines a las tuyas, pero lo más probable es que encontrarás a alguien que ya pertenezca a esa comunidad que te motivará a ser parte de ella. Ahora, si te esperas hasta que un día aparezca, nunca encontrarás ese campo de acción o esa persona o esa comunidad que te llene de vida". Podría ser una comunidad de aprendizaje, como los cursos a los que Al se unió. Quizá, sean reuniones o asociaciones profesionales o conferencias relacionadas con tu industria. Existen muchas formas de comenzar a dar pasos hacia nuevos horizontes, pero si anhelas establecerte en otros campos de acción, es clave que te esfuerces por conocer otros ámbitos.

Si eres un lobo redomado, introvertido o solitario, conectarte con los demás te parecerá algo frívolo de hacer y lo verás como una distracción innecesaria de tu "verdadero trabajo". Quizás, hasta te salgas con la tuya ignorando a los demás por un tiempo. Pero llegará el momento en que el hecho de tener una red de contactos demasiado pequeña se te convertirá en un obstáculo. No estarás expuesto a nuevas ideas (Al nunca habría descubierto el *coaching* si no se hubiera tropezado con la publicación de su amigo en Facebook). Tus ideas no conseguirán la tracción que merecen (porque no hay nadie que las amplifique). Estarás en la oscuridad cuando se trate de precios o de otras cuestiones y otros temas sensibles (porque los extraños no nos revelan esas cosas, solo los amigos y colegas cercanos). Y no obtendrás las oportunidades en las que, de no ser tan solitario, calificarías (porque necesitas que alguien te proponga como un magnífico candidato para ellas, pero no estás en el radar de nadie).

Como verás, tomarte el tiempo para conectarte con los demás y sumergirte en nuevas comunidades, como muestra el ejemplo de Al, suele ser una forma poderosa de prepararte para el éxito. Después de un año de su jubilación, Al había lanzado su negocio de *coaching*, alcanzando ingresos de seis cifras.

Como todo en la vida, siempre existe la posibilidad de tener demasiado de una cosa buena. Un colega que conozco es un sensacional networker que parece conocer a todo el mundo y siempre está haciendo conexiones. Esa es una gran habilidad y un activo maravilloso en él. Pero eso es casi lo único que hace. Pasa tanto tiempo haciendo conexiones que descuida casi todas las demás áreas de su negocio y sus ingresos limitados así lo reflejan. Pensar en olas significa que no puedes concentrarte única y exclusivamente en las partes del proceso que disfrutas. También tienes que seguir avanzando y creciendo.

COSECHANDO

Ahora, estás en la última ola: cosechando. No fue fácil llegar hasta aquí. Empezaste sin saber nada. Tuviste que sumergirte y aprender —una experiencia especialmente humillante para los profesionales de alto nivel o para quienes están en la mitad de su carrera, pues ya están acostumbrados a ser excelentes en lo que hacen—. Y lo lograste.

Comenzaste a crear y a compartir tus ideas y, siendo honesto, es muy probable que los primeros días no hayan sido muy buenos, tanto, que hoy miras atrás con cierta vergüenza, pero el hecho es que tenías que empezar por algún lado y lo hiciste.

Llegaste a conocer más personas a lo largo del tiempo —colegas, clientes, industrias líderes—. Construiste relaciones basadas en el respeto mutuo y la confianza. Te recomendaron negocios y tú también hiciste lo mismo con otras personas. Construiste un nombre para ti mismo y, con el tiempo, tienes una carrera.

Ya surfeaste esas tres olas y ahora es el momento de enfrentar la cuarta ola: cosechar. Aquí es donde el asunto se pone divertido.

A este punto, ya has alcanzado cierto grado de maestría en lo que haces. Te sientes seguro y sabes que puedes ayudar a los demás y marcar la diferencia. Hoy, el mundo está de acuerdo contigo y las recompensas —financieras y reputacionales— están empezando a hacerse evidentes.

Aquí también es donde la cosa se vuelve peligrosa.

Fue a finales de la década de 1970. Marshall Goldsmith era un joven profesor universitario. Un día, su mentor, un consultor en el campo del comportamiento organizacional llamado Paul Hersey, se encontraba doblemente contratado. "Me dijo: '¿Marshall, podrías tú hacer lo que yo hago?', recuerda Marshall. "Le dije, 'Yo no sé'. Goldsmith me respondió: 'Te pagaré $1.000 dólares por un día'". En ese momento, Marshall ganaba $15.000 dólares al año, así que, por ese precio, decidió averiguar si era capaz o no de hacerlo. En poco tiempo, estaba ganando seis cifras.

Sin embargo, Hersey estaba preocupado. No era que Goldsmith no fuera bueno, lo era. Y no era que los clientes no estuvieran contentos, lo estaban. Pero, como mentor de Marshall, Hersey, tenía otras cosas en mente. "Uno día, me llamó", recuerda Marshall, "y me dijo: 'Eres *demasiado* exitoso. Estás ganando bastante dinero, pero a ese paso nunca vas a llegar a ser quien tienes el potencial de ser. No es que esto que haces sea malo. Tienes clientes felices. Estás haciendo un buen trabajo y lo seguirás haciendo, pero, de seguir así, nunca llegarás a ser la persona que podrías llegar a ser. No estás escribiendo. No estás pensando. No estás invirtiendo en tu futuro. Solo estás corriendo como un pollo sin cabeza, vendiendo días'. Y tengo que aceptar que, durante ocho años, él tuvo razón. Nunca cambié durante todo ese tiempo".

Marshall estaba cosechando las merecidas recompensas que venían a su vida con el hecho de ser excelente en su oficio. Ganar mucho dinero te da la posibilidad de paga hipotecas, ir a la universidad, pagar por el cuidado de la salud, hacer ahorros. Sin lugar a dudas, todas estas son metas importantes y valiosas. Sin embargo, en su advertencia, Hersey identificó un problema crucial: Marshall no se había sumergido lo suficiente en la fase de creación. Hersey creía que Marshall debía desarrollar su propia propiedad intelectual, la cual pudiera distinguirlo en el mercado.

"Cuando las cosas van bien, es muy difícil desafiarse a uno mismo", afirma Marshall. "Te estás ganando la vida de buena manera. Tienes una casa, tal vez, una hipoteca y comodidad. Y si no tienes cuidado, los años se te habrán pasado muy rápido y eso habrá sido todo lo que hiciste. Tú no quieres mirar tu vida en retrospectiva y sentir arrepentimiento por no haber hecho mucho más de lo que hiciste".

Al fin, Marshall comenzó a enfocar su atención en crear y compartir sus propias ideas de manera más amplia. No siempre acertó, pues algunos de sus libros fueron mejores que otros. Títulos como los de sus *bestsellers Triggers* y *What Got You Here Won't Get You There* se han convertido en clásicos en su campo y le ayudaron a establecerse como el entrenador en el área ejecutiva #1 de todos los tiempos[2].

Sin embargo, es fundamental comprender y tener presente que cosechar no es nuestro destino final. Y cuando Marshall llegó al final de su sexta década, él sintió ese hecho de manera visceral. "Nunca puedes ser feliz en la vida solo recordando algo que solías ser", manifestó. "La gente suele decir: 'Yo era el director ejecutivo #1', 'Yo era el jugador de fútbol estrella'. Lo que pasa en casos como esos es que, cuando esas personas dejaron de ejercer su profesión, su identidad desapareció como por arte de magia. Dejaron de tener identidad". En otras palabras, la cosecha tiene una fecha de caducidad y es ahí cuando tienes que crear algo nuevo y empezar de nuevo.

En ese momento en que él lidiaba con estos pensamientos, asistió a un taller llamado "Diseña la vida que amas", el cual fue organizado por Ayse Birsel, una destacada diseñadora industrial que fue galardonada como una de las 100 personas más creativas de Fast Company en 2017. Ayse les pidió a los participantes que escribieran una lista de sus héroes. Marshall anotó a sus mentores profesionales: Hersey, Frances Hesselbein, la ex directora ejecutiva de Girl Scouts of the USA, y Peter Drucker, el famoso pensador en el campo gerencial. "Ellos nunca me cobraron dinero" afirma Marshall. "Siempre fueron amables y agradables conmigo cuando yo no era nadie. Todos eran gente muy importante, pero siempre muy amables conmigo". El consejo de Ayse para él fue nítido y claro: "Entonces, sé tú como ellos".

Antes de que terminara el taller, Marshall había ideado un plan: identificaría 15 entrenadores ejecutivos con resultados prometedores, les ofrecería ser su mentor y "les enseñaría todo lo que sé". La respuesta a su ofrecimiento fue tan abrumadora que recibió más de 17.000 solicitudes, así que decidió expandir su iniciativa, ahora conocida como Marshall Goldsmith 100 Coaches, MG100. (Yo me uní a esta comunidad en el verano de 2017). A través del programa, él propone crear una cultura de retribución. Reflexionando sobre Hersey y sus otros mentores, Marshall dice: "De la misma manera en que ellos me ayudaron, mi trabajo también es ayudarles a otros". De hecho, la única regla de MG100 es que un día, "cuando envejezcamos", cada uno de nosotros crearemos nuestras propias iniciativas de retribución.

Por supuesto, Marshall también obtiene algo importante de su participación. Lo he visto de primera mano entre colegas y clientes, afirmando que el simple hecho de contar historias sobre sus glorias pasadas sin aprender, ni hacer nada nuevo es una receta para la depresión: "Tú no puedes, simplemente, dejar de ser un director ejecutivo para jugar golf con otros viejos en el club, mientras comes sándwiches de ensalada de pollo y hablas sobre la cirugía de vesícula biliar que te practicaron", dice Marshall. En muchos sentidos, MG100 es un antídoto: "El propósito de este proyecto es seguir dándole hoy en día significado a mi vida".

Marshall Goldsmith se convirtió en el nombre más importante en su campo: es un emprendedor multimillonario, autor *bestseller*, miembro de los Thinkers50 Hall of Fame y amigo de directores ejecutivos y celebridades. Cualquiera podría disculparlo, ahora, a sus 75, si quisiera retirarse a vivir a la playa, pero él se niega a hacerlo. Como dice la Biblia (y Bob Dylan), hay un tiempo para cosechar. Pero este no dura para siempre. Las personas más exitosas disfrutan de su éxito. Luego, dicen: es hora de seguir adelante y aprender algo nuevo.

"En este momento, estoy trabajando en un proyecto del cual hacen parte 50 personas y hablamos al respecto todos los fines de semana", dice Marshall. "Estamos desarrollando un proceso de *coaching* completamente nuevo, basado en lo que Alan Mulally, el ex CEO de Ford, me enseñó. Yo diría que no hubiera aprendido nada de estas cosas si MG100 no se hubiera formado, ya que este emprendimiento ha sido realmente fundamental para mí, pues me ha permitido remodelar mi carrera y reinventarme una vez más".

En síntesis, no importa lo bueno que seas, no puedes ganar ningún juego haciendo lo mismo todo el tiempo. A lo mejor, eres inigualable, disparando tiros en una cancha de baloncesto, pero habrá veces en que también tendrás que jugar a la defensiva o hacer un tiro libre. Todos tenemos fortalezas, pero demasiadas veces exageramos utilizándolas y luego nos amargamos cuando no obtenemos los nuevos resultados que queremos o esperamos. Jugar el juego largo significa comprender en qué parte del juego te encuentras y qué habilidad es necesaria para llegar a tal o cual punto. Cuando aprendas a pensar en oleadas, sabrás elegir cuál es aquella herramienta que más se adapta al momento que estás viviendo y te asegurarás de no detenerte, ni estancarte. Así es como ganarás.

Y ahora que estamos enfocados en hacer más cosas productivas, es hora de que pienses en el apalancamiento. ¿Cómo podemos duplicar lo que nos está funcionando para obtener resultados aún mayores en nuestra vida?

Recuerda:

- Para hacer nuevas cosas, alterna los modos seguridad e inseguridad. Durante el primero, busca conexiones de forma activa y explora nuevas posibilidades. Durante el segundo, es tiempo para concentrarte y ejecutar.

- No puedes hacerlo todo, por lo menos, no todo a la vez. Mejor, practica el pensamiento en olas, cuya secuencia consiste en:

    Aprender. Estudia al máximo tu campo y adquiere cada vez más conocimientos.

    Crear. Ahora que tienes experiencia, retribuye, creando y compartiendo lo que has aprendido.

    Conectar. Haz conexiones con gente tanto de tu campo de acción como de otros campos. De ese modo, aprenderás de ellos y contribuirás, haciéndote parte de otras comunidades.

    Cosechar. Ya estás en la cima de tu profesión y es hora de disfrutar de los beneficios de tu arduo trabajo.

- Recuerda: nunca dejes de aprender. Pronto, será el momento de comenzar un nuevo ciclo para así no estancarte.

Capítulo 6

HACIENDO USO DE LA MAXIMIZACIÓN ESTRATÉGICA

Todos hemos estado allí. Llegamos al final de un día agotador y todavía tenemos en mente lo ocurrido durante las últimas ocho, diez o doce horas de trabajo. Ciertamente, estuvimos ocupados, corriendo de una reunión a otra y respondiendo mensajes en cada momento que tuvimos libre. Sin embargo, uno no deja de preguntarse: a fin de cuentas, ¿qué tanto hice?

Muy a menudo, nuestras jornadas diarias tienden a ser tan complicadas que apenas sí podemos seguir el ritmo —si es que todo va bien y no hay retrasos en el tráfico, ni llamadas interruptoras, ni impresoras atascadas—. En todo caso, permanecer a flote no es igual a lograr nuestras metas a largo plazo.

Yo quería ser estratégica con respecto a mi vida. Pero, primero, necesitaba datos: ¿en qué exactamente invertía mi tiempo? Hacerle seguimiento al uso del tiempo no es divertido. Es aburrido y meticuloso, y resumir tu vida en bloques de 15 minutos requiere de disciplina. La cuestión es que, en febrero de 2018 (elegí a propósito el mes más corto posible), decidí comenzar a hacerlo.

Mi amiga Laura Vanderkam es experta en productividad, así que decidí descargar de su sitio web una hoja de cálculo diseñada para hacerle seguimiento al uso del tiempo. Luego, la dejé abierta en mi pantalla de tal modo que, cada vez que regresara a mi computadora después de un descanso, eso fuera lo primero que viera. A cada rato, tuve que recordarme que tenía que llenar los bloques que estaban en blanco (2:00–2:30 p.m., llamadas a clientes; 2:30–3:00 p. m., revisar y contestar correos; 3:00–4:30 p.m., escribir artículo). Durante un mes completo me obligué a hacerlo y lo que aprendí me impactó muchísimo.

Si queremos usar nuestro tiempo de manera estratégica en función de realizar todo aquello que dijimos que es importante para nosotros, tenemos que aprender a hacernos diferentes preguntas. La primera es: *¿Cómo puedo aprovechar ese tiempo que de otra manera sería perdido?* En esencia, todos tenemos las mismas 168 horas en nuestra semana laboral. Pero, en el transcurso de ese febrero, me di cuenta de algo poderoso. Fue evidente que yo perdía el tiempo como todos los demás, navegando en internet y haciendo cosas similares. Sin embargo, a través de la multitarea —la tan difamada práctica de hacer varias cosas a la vez— me las había arreglado para trabajar 48 horas extras a lo largo de la semana.

La multitarea "mal" usada ocurre cuando intentamos realizar dos tareas incompatibles a la vez, como escribir un correo electrónico y participar en una conferencia telefónica. Es imposible escribir oraciones contundentes mientras escuchas una conversación y participas en ella con total atención. El caso es que, la multitarea que yo había adoptado intuitivamente —la que me atrevería a llamar "buena" multitarea— me permitía realizar dos tareas *complementarias* al mismo tiempo, como hacer ejercicio en el gimnasio y escuchar un audiolibro; llamar a mi madre, mientras preparaba la cena; asistir a una obra de teatro con un cliente comercial, etc. Si veía que era posible hacer ambas tareas y ser efectiva en las dos, las contaba dos veces, es decir, marcaba

30 minutos de uso de mi tiempo (no 15) por el hecho de "llamar a mi mamá" y "cocinar" mientras hablábamos. Así, al final de la semana, terminaba con un 29% más de tiempo trabajado del que esperaba trabajar.

Luego, fuera de optimizar mis actividades habituales, también me di a la tarea de identificar cuál era ese tiempo de inactividad que otros consideran inútil y trataba de ver en qué aprovecharlo. Por ejemplo, hace un tiempo, volé a San Petersburgo, Rusia y, a lo largo de mi primer día de viaje, estuve luchando contra mi descompensación horaria, así que caminé por la ciudad, explorándola y tratando por todos los medios de exponerme a toda la luz del sol que me fuera posible para así restablecer mis ritmos circadianos. Tenía hambre, sueño y me sentía desenfocada —lo cual no es una gran combinación para cualquier trabajo en el cual necesitas estar 100% pendiente de los detalles—. En ese momento, hasta la idea de responder mensajes me parecía abrumadora. De repente, estando allí, tomando té en una esquina, me sentí inspirada, tanto así que le pedí un bolígrafo y papel a la mesera. Había estado leyendo en el avión un compendio de ensayos de Peter Drucker, el gran director teórico que fungió como mentor de Marshall Goldsmith. Las ideas sueltas que habían estado dando vueltas en mi mente comenzaron a fusionarse. Drucker es un maestro del pensamiento estratégico, entonces, inspirada en mi lectura, anoté estas preguntas:

- ¿En qué debo utilizar mi tiempo?

- ¿Cuál es ese 20% de mis actividades que produciría el 80% de mis resultados?

- ¿Qué necesito dejar de hacer?

- ¿Cómo podría sacarles provecho a mis limitaciones?

- ¿Cuál es mi hipótesis sobre el futuro —y cómo esta se refleja en mis acciones de hoy?

El hecho fue que, durante la siguiente hora, escribí páginas de notas con respuestas a esas preguntas, las cuales me brindaron una dirección estratégica útil para mí al año siguiente. (Es posible que desees probarlo por tu propia cuenta). Al parecer, en la parte de atrás de mi cerebro aturdido por el sueño se había estado procesando mi lectura de Drucker y cómo aplicarla a mi propia vida y en mi negocio. Tal como lo descubrió el investigador holandés Ap Dijksterhuis, mientras estamos distraídos con otras cosas, el pensamiento inconsciente tiene la capacidad de generar mejores resultados que si sopesaras de manera consciente los pros y los contras de una situación determinada, tal y como me sucedió durante el paseo por San Petersburgo. Como él señala, "los procesos inconscientes tienen la capacidad de trabajar en paralelo en diferentes cosas y pueden integrar una gran cantidad de información". Además, parecen ser mejores que el pensamiento consciente en "ponderar la importancia relativa de diferentes atributos"[1].

Jamás, se me hubiera ocurrido que el desfase horario sería el estado óptimo para hacer la planificación estratégica de mi año siguiente. Pero, tan pronto como me di cuenta de ello, me senté y aproveché el tiempo que otros habrían definido como un tiempo perdido. En conclusión, la maximización estratégica nos permite sacar más de menos.

La otra pregunta que debemos aprender a hacernos es esta: *¿Cómo puedo realizar una actividad una sola vez y cuente como si hubiera hecho 10 cosas más?* Un ejemplo literal de lo que quiero decir con esta pregunta es que tomes un cierto contenido escrito —digamos, un blog—, lo publiques y lo compartas de diferentes maneras a través de las redes sociales. Podrías enlazar el blog en Facebook, publicar en Twitter una cita extraída de él, subir a Instagram una imagen relacionada con este y compartir una breve reseña al respecto en LinkedIn, destacando uno o dos aspectos clave de tu blog. De ese modo, con solo un poco más de esfuerzo, digamos que con el 10% del que usaste para escribir tu blog, lograste maximizar su potencial de distribución y te aseguraste de que muchos más lectores tuvieran acceso a él. Eso es un hecho. Sin embargo, rara vez hacemos lo mismo en otras áreas aún más significativas de nuestra vida.

Tomemos el ejemplo de Nihar Chhaya, un miembro de mi comunidad de Recognized Experts y *coach* ejecutivo de compañías pertenecientes a *Fortune 500*. En noviembre de 2019, Nihar viajó a Londres para asistir a Thinkers50, una reunión de autores y ejecutivos de negocios apodada por *Financial Times* como los "Premios Oscar del Pensamiento Gerencial". Aquel suele ser un evento costoso al cual Nihar también tuvo que sumarle los gastos de viaje, incluido el pasaje aéreo desde Dallas, donde él vive. Además, asistir significaría estar lejos de su pequeña hija, de modo que él tenía que hacer que su viaje valiera la pena.

La mayoría de la gente se enfocaría en lo obvio: asegurarse de aprovechar la ocasión para hacer conexiones con mucha gente, relacionándose con la mayor cantidad de asistentes posible. Pero Nihar adoptó un enfoque mucho más holístico sobre cómo sacarle provecho a su estadía allí.

Después del evento, Nihar le envió un artículo sobre su experiencia en Thinkers50 a *Forbes*, donde él era uno de sus colaboradores habituales. Fue entonces cuando se dio cuenta que, si hacía las cosas bien, lograría cumplir con su compromiso de enviarle a *Forbes* el material de publicación y ese mismo artículo le permitiría darles sus agradecimientos a algunas de las luminarias que había conocido en el evento, incluidos Amy Edmondson, de Harvard Business School, y Stew Friedman, de Wharton School, en la Universidad de Pensilvania. Fuera de eso, el hecho de compartirlo en las redes sociales también le daría la oportunidad de solidificar las nuevas conexiones que estaba haciendo, asegurándose así de que estos nuevos contactos tuvieran presente quien es él.

Escribir ese artículo también le generó algunos otros beneficios. Le dio una razón válida para contactar a uno de los cofundadores de Thinkers50 con el fin de hacerle una entrevista y de construir así otra nueva conexión. Fuera de eso, el hecho de escribirlo le ayudó a recopilar sus diversas experiencias y todo el aprendizaje que obtuvo durante el evento le serviría como material para incrementar su desarrollo profesional. Y dado que Thinkers50 es un evento de alta escala, su asistencia a él también le ayudaría a mejora sus credenciales y su nivel de credibilidad a nivel social.

La mayoría de la gente realiza una actividad y luego deja de hacerla, sobre todo si esta consume mucho tiempo, es dispendiosa o costosa. Pero, cuando logramos hacer que una actividad cuente más de una vez, estamos obteniendo una ventaja competitiva única. Muy a menudo, nos sentimos impotentes con nuestro tiempo y nuestro horario —impotencia que paraliza nuestra capacidad de pensar y actuar en lo referente a nuestros intereses a largo plazo—. Pero todos tenemos maneras de solucionar esta dificultad. El secreto consiste en manejar esas limitaciones de tiempo que todos tenemos de tal modo que podamos pensar de nuevas formas de hacer las cosas. Tenemos que aprender a matar dos —o más— pájaros de un solo tiro, pero eso significa comprender muy bien qué es lo que más nos importa lograr para luego potencializar los recursos que tengamos a nuestra disposición.

POTENCIALIZA TUS RELACIONES

Para la mayoría de nosotros, nuestras relaciones son extraordinariamente importantes. Sin embargo, todos hemos escuchado historias sobre ejecutivos de alto nivel que parecen no poder tener tiempo disponible para sus familias, pero profesan que ellas son la razón primordial por la cual ellos hacen todo lo que hacen. ¿Cómo sería si la familia y el trabajo no fueran un juego de cero resultados, sino uno durante el cual supiéramos implementar una serie de elecciones estratégicas deliberadas?

Phil Van Nostrand es un fotógrafo que vive en la Ciudad de Nueva York y gana miles de dólares fotografiando bodas y otros eventos. Sin embargo, durante años, él aceptó realizar un trabajo que le significaba ganar $500 al día, cubriendo una vez al año una "conferencia sobre tecnología JavaScript que se realizaba en San Francisco". ¿Por qué lo hacía? Porque Phil es oriundo de Santa Barbara y esa conferencia anual le pagaba aquel vuelo en el que él atravesaba el país. Dice Phil: "De ese modo, sentía que iba en un viaje gratuito a visitar a mi familia y de paso haría un trabajo en el que estaría ocupado solo medio día".

Yo también he hecho lo mismo, aceptando dictar conferencias en Carolina del Norte a precios más bajos de lo normal —que rechazaría por ir en cualquier otro lugar—, porque me daban la oportunidad de visitar a mi madre, que hoy es octogenaria. También buscaba oportunidades para traerla conmigo a lo largo de mis viajes. Fue así como la llevé a una serie de enseñanzas en Kazajstán durante el mes de enero (y tuvo gran un éxito entre los estudiantes que nos llevaron a hacer turismo en esas temperaturas bajo cero); además, me ha acompañado a hacer giras de conferencias por Vietnam, Singapur y Francia. De manera que, cuando tenemos claras nuestras verdaderas prioridades, nuestro tiempo es un mucho más fácil de optimizar en beneficio de ellas.

POTENCIALIZA TU ESTILO DE VIDA

Otra forma poderosa de enmarcar el tipo de elecciones que haces es sabiendo con exactitud cuál es tu estilo de vida ideal. ¿Dónde y cómo quieres vivir? ¿Qué tendrías que hacer para convertir en realidad esa visión?

Eso fue lo que se preguntó Annmarie Neal, una exitosa ejecutiva. Su vida habría sido más sencilla si ella hubiera estado dispuesta a mudarse a una *empresa Hub* —en Nueva York, San Francisco o quizás en Dallas o Chicago—. En cambio, durante más de 25 años, ella ha preferido vivir en una pequeña ciudad de Colorado, a casi 90 minutos de Denver. "Me enamoré de los valores que implican el hecho de 'trabajar duro y jugar duro', los cuales hacen parte del estilo de vida de este Estado, explica ella. "Además, siento que las montañas alimentan mi alma". De manera que ella no estaba dispuesta a comprometerse a hacer mayores cambios en su vida, ni siquiera cuando eso significó rechazar la posibilidad de ocupar un cargo a nivel C, como jefe de talento de una empresa con sede en Zúrich.

Annmarie ha tenido un éxito sorprendente, defendiendo su causa en Cisco, donde ella se desempeñó durante cinco años como directora de talentos, y también en su cargo actual como líder de talento para una gran empresa de capital de riesgo. "Para un trabajador de la economía de la innovación, las mejores ideas suelen provenir de la posibilidad de hacer una larga caminata en las mañanas o de nadar dos millas", argumenta ella. "El escritorio no es el lugar donde toma lugar el trabajo real. Mi punto es: '¿Quieres contratar a la mejor persona para el cargo? ¿O a la mejor persona en tu código postal?'". Muchos de nosotros no nos sentimos empoderados para adoptar una postura tan audaz como la de ella —y es un hecho que Annmarie se apoyaba en su sólida reputación y experiencia—. Pero incluso para los profesionales más jóvenes, aprovechar de pequeñas maneras sus elecciones en cuanto a estilo de vida es hoy más posible de lo que ellos mismos podrían imaginar.

Phil, el fotógrafo, suele aceptar pagos en términos poco convencionales, porque lo ayudan a crear el tipo de "vida autónoma" y épica de la que él quiere disfrutar. Por ejemplo, hizo un trueque con un cliente que se especializa en la venta de lujosos artículos de lana. "Acepté tomar las fotos que él necesitaba por $500 dólares, pero con la condición de que él me diera una bufanda", comenta Phil. "Estas son bufandas de cachemira de Mongolia que cuestan $800 dólares y son hermosas". Phil dice que eso es mucho más de lo que él gastaría en una bufanda si tuviera que comprarla, pero le encanta coleccionarlas. "Tengo una enorme en mi sofá, junto con una cesta llena de bufandas en mi habitación. Las uso durante el invierno; incluso le regalé una a mi hermana".

Del mismo modo, uno de sus conocidos, que es dueño de un restaurante mexicano de moda en Brooklyn, necesitaba nuevas fotos para su sitio web. La tarifa usual de Phil suele ser de $1.200 dólares, así que el propietario le propuso pagarle $800 dólares en efectivo más $400 de crédito en el restaurante. "Me alegré de haber hacho ese intercambio y a ellos también les salió bien pagarme de esa forma", recuerda Phil.

También se ha ofrecido como voluntario para realizar "tomas glamorosas" para Koneko, un hogar de gatos desprotegidos que hay en su vecindario. "Fui allí una mañana, antes de que el establecimiento abriera sus puertas al público y, junto con la persona más experta en gatos, logramos que ellos hicieran toda clase de pequeñas poses. Fueron dos horas y a cambio yo obtuve unos cientos de dólares en crédito para comer en su restaurante. Estuve allí casi un año consecutivo, comiendo su comida y pasando el rato con los gatos y con amigos".

A través de su flexibilidad y creatividad, Phil ha creado un estilo de vida —rebosante de moda y gastronomía— que, de otro modo, no habría podido costear. Su experiencia demuestra que todo puede suceder cuando decides conseguir el estilo de la vida que quieres.

POTENCIALIZA TUS OBJETIVOS PROFESIONALES

¿Qué pasaría si no viéramos el "trabajo" y la "vida" como dos experiencias tan separadas? ¿Y si pudiéramos encontrar formas de combinarlas y mejorarlas?

Eso fue lo que se preguntó Christina Guthier. Ella es una joven alemana, estudiante de doctorado, que estaba planeando unas vacaciones para visitar a un amigo en Canadá. Sin embargo, hace apenas unos años, tanto a ella como a su esposo les encantó su primer viaje a la Ciudad de Nueva York, así que decidieron alargar sus vacaciones una semana y regresar a Nueva York. El viaje era de carácter recreativo, pero Christina se preguntaba si también podría aprovecharlo en el campo profesional. Entonces, habló con su asesor de tesis para ver si él tenía algún contacto en Nueva York y resultó que así era. Se trataba de un profesor de City College, de Nueva York, quien la invitó a participar como conferencista invitada en un evento universitario. Impresionado con su investigación, este profesor terminó citándola en su siguiente libro.

Además de aprovechar los beneficios profesionales de sus días de vacaciones, Christina buscó otras oportunidades para hacer algo de trabajo. Fue así como se hizo amiga de un profesor australiano que la animó a que fuera a University of South Australia como investigadora invitada, pero el momento para ir nunca parecía el apropiado. Sin embargo, cuando quedó embarazada, se dio cuenta de que ahí podría haber una oportunidad. Una vez que su hija tuvo nueve meses, Christina, lista ya para regresar a su trabajo, abordó un avión junto con su esposo, justo a tiempo para que él tomara dos meses soleados y cálidos de licencia por paternidad. Así, ella podría colaborar con sus nuevos colegas.

Christina no es la única profesional que ha encontrado formas creativas de combinar viajes con desarrollo profesional. Phil, el fotógrafo, también lo ha hecho. "Cuando comencé a tomar fotos, soñaba que alguien me contratara y yo tuviera que viajar a tomar las fotos a otros lugares. De ese modo, no tendría que pagar por nada y viajaría gratis. Y así ocurrió". Phil se había hecho amigo de una experta en diseño de moda histórica. "Antes de conocerme", cuenta Phil, "ella diseñó un vestido para el Carnaval de Venecia y luego viajó allá a encontrarse con unos amigos con quienes tomaba fotos. El hecho es que tomarlas con tu iPhone no es lo mismo que tener un fotógrafo profesional que te siga a todas partes". Entonces, en una ocasión, ella decidió invitar a Phil a que se uniera al grupo. Hoy, Phil ha viajado con ella dos veces a Venecia, una vez a París y Versalles y una vez "al sur de Francia durante la temporada de la flor de lavanda".

No todo el mundo piensa que sea tan lucrativo trabajar de ese modo. "Si hablara con los fotógrafos de la vieja escuela, ellos me dirían que debería cobrar por todo el tiempo que voy a estar trabajando en Venecia o en cualquier otra ciudad", dice Phil. Pero no es así como él ve las cosas. Su amiga no es una persona adinerada, "así que cobrarle dinero por todo el tiempo que yo permanezca a su lado no sería un trato conveniente para ninguna de las dos partes. De hacerlo de ese modo, ella no tendría un presupuesto disponible para mí. Y en lo que a mí respecta, tener la posibilidad de pasar unas vacaciones sin preocuparme por los costos es algo a lo que no podría ponerle precio", insiste él.

Pero no solo se trataba de conseguir unas vacaciones sin preocupaciones económicas. Phil también acordó conservar los derechos sobre las fotos del viaje, que son exuberantes y atmosféricas. "Pude vender una de esas impresiones", dice él. "Y sé que ese material va a abrirme las puertas con alguien que lo vea y piense en mí a la hora de necesitar fotos para una revista, que es una de mis mayores metas por alcanzar". En últimas, lo que Phil opina es: "Mi filosofía es que el valor del trabajo no siempre se mide en dólares. Yo siempre estoy mirando a largo plazo el valor de lo que hago". Por supuesto que él está contento de hacer su trabajo a un nivel corporativo bien remunerado, pues requiere de él para pagar su renta y cubrir sus gastos, pero es un hecho que las fotos instantáneas de unos ejecutivos en un podio no necesariamente reflejan su visión artística tan singular. "Por lo general, obtienes dinero o fama, pero rara vez obtienes ambos", afirma Phil.

Demasiada gente se deja tentar por el dinero fácil o por las expectativas de otras personas sobre lo que para ellas debería ser el éxito. Sin embargo, tú no puedes pretender convertirte en un preeminente fotógrafo —de los que hacen portadas de revistas o vallas publicitarias en Times Square— haciendo solo trabajos que no requieran de ningún esfuerzo. No. Tú tienes que estar dispuesto a esperar, a construir relaciones, a tomar decisiones y a hacer pactos estratégicos que quizás hoy les parezcan ridículos a los demás, pero que, a futuro, tú sabes que te resultarán muy significativos. De modo que, cuando tomes ese tipo de decisiones, sabrás que, a la larga, te estás preparando para obtener éxitos mayores.

POTENCIALIZA TUS ACTIVOS

Hemos hablado sobre las razones que yacen detrás de las decisiones que tomas —sobre cómo potencializar tus relaciones, tu estilo de vida y tus metas profesionales—. Ahora, hablemos de cómo potencializar tus activos.

Es obvio que lo que más necesitamos potencializar es el dinero que ingresa a nuestras cuentas, pues podemos usar el dinero contante y sonante para obtener lo que queramos. Por ejemplo, podrías pagar un servicio de limpieza de casas para que dejen reluciente la tuya, así tendrías más tiempo disponible para compartir con tu familia; también podrías usar ese tiempo haciendo otros trabajos o de pronto trabajando menos y descansando más o quizás hasta puedas renunciar por completo al trabajo que tengas en la actualidad con el fin de construir tu red de contactos o de incrementar tu nivel de experiencia trabajando por tu cuenta (como Phil ha estado haciendo con su fotografía).

Por otra parte, de lo que menos parecemos darnos cuenta es del hecho de que el dinero no es la única forma de pago. Hace años, estuve saliendo con una artista exitosa. Sus pinturas se vendían por altas sumas de dinero, pero después del 50% de descuento que hacía la galería que distribuía sus obras, era un hecho que ella no se enriquecería jamás. Sin embargo, el pago más costoso que ella recibía era que estaba adquiriendo muy buena reputación en el medio. Sus obras estaban siendo representadas por una reconocida galería y su trabajo era publicado en todas las revistas respetadas en el campo del arte. Y eso significaba que sus obras estaban expuestas al alcance de coleccionistas de alto nivel —típicamente, financistas con grandes ingresos— que estaban ansiosos por conocerla.

Varias veces, la acompañé a cenas en lugares de moda de la Ciudad de Nueva York, así como a eventos de gala enfocados en recaudación de fondos e incluso a un viaje a una casa de vacaciones en Aspen. Los dueños eran unos empresarios extraordinariamente exitosos; de esos que, en la mayoría de las fiestas, suelen permanecer rodeados de cantidad de admiradores. Según esto, si el dinero fuera la única forma de pago, mi novia de entonces habría sido una artista poco reconocida y no muy interesante para el medio. Pero, para las personas que se interesan en el arte, la emoción de pasar tiempo con un artista prominente suele ser una buena moneda de cambio. Y por supuesto, aquella ocasión fue un ganar-ganar para nosotras —una oportunidad de disfrutar de eventos a los que no hubiéramos tenido fácil acceso, ni habríamos podido conocer a otros artistas y coleccionistas de alto nivel.

Claramente, no todos somos artistas profesionales (ni deportistas de las grandes ligas, ni estrellas de rock). Pero, con planificación y previsión, la mayoría de los profesionales puede desarrollar sus propias formas de pago. Al escribir mi libro *Stand Out*, y desarrollando mi curso Recognized Expert, me di cuenta de que existen tres componentes clave para convertirte en un experto reconocido bien sea en tu empresa o en tu campo de acción. Estos son:

La creación de contenido. Es apenas obvio que no serás conocido por tus ideas si no las das a conocer. Por lo tanto, necesitas encontrar una forma de crear y publicar contenido, ya sea escribiendo artículos, haciendo conferencias, iniciando un podcast, grabando videos, compartiendo un café con alguien para exponerle tus ideas o poniendo en práctica cualquier otra forma que se te ocurra para dar a conocer tus opiniones.

La prueba social. Las personas viven ocupadas, de modo que debes darles una razón para que le presten atención a lo que tienes para decirles. La prueba social —la credibilidad que tienes frente a los demás— es una forma rápida de conseguir que te escuchen. Esto es especialmente poderoso si logras encontrar la manera de conectarte con marcas y personas que la gente a la que quieres llegarle con tu mensaje ya conozca y confíe en ellas. Por ejemplo, si has escrito y publicado en un medio conocido, si has sido mencionado en publicaciones de las que la gente ha oído hablar, si has fungido como consultor para empresas de marca o has trabajado en ellas, si eres el director de una asociación profesional local o el líder de un grupo de exalumnos, todas esas son formas razonables para darles a conocer a los demás que, a simple vista, vale la pena escucharte.

Las redes de contactos. Por último, crear contenido y ser creíble es fundamental, pero si nadie sabe quién eres, no te servirá de nada. Necesitas desarrollar una red de contactos que te ayude a amplificar ese contenido y a correr la voz sobre lo que estás haciendo (sin mencionar que, ante todo, esta actividad de estar en contacto constante con mucha gente te ayudará a identificar cuáles de tus ideas son buenas y cuáles no).

Muchos profesionales, sobre todo si tienen cierto nivel de experiencia, han desarrollado uno e incluso dos de estos tres componentes. Y si han estado trabajando para que sus ideas sean escuchadas y construir su reputación como expertos, es posible que se hayan sentido frustrados al ver que chocan contra una pared. Este choque infructífero se debe a que es necesario trabajar en los tres componentes, pues no es suficiente desarrollar solo el que más te gusta. De ese modo, no conseguirás al 100% tu propósito de darte a conocer. Dicho de otro modo, podrás escribir cientos de artículos al mes, pero si todos están publicados en tu propio blog y nadie sabe quién eres, por mucho y muy bien que escribas, nunca conseguirás el contrato que tanto quieres obtener para publicar ese libro que escribiste, ni te contactarán para hacer consultoría alguna.

Más bien, el paso correcto a seguir es tomar el área en la que sabes que eres fuerte —el activo que tienes— y apalancarla estratégicamente para obtener el activo que te falta. Por ejemplo:

- Si eres bueno creando contenido, pero no tienes pruebas sociales, haz unos ejemplares de tu trabajo (el activo que tienes) y preséntate con ellos a una editorial de alto perfil en busca de trabajo (el activo que te falta).

- Del mismo modo, si eres bueno creando contenido, pero no tienes una buena red de contactos, enfócate, por ejemplo, en lograr hacerle una entrevista a alguien que sea de interés en tu campo de acción y construye todas las conexiones posibles a partir de ese material.

- Si tienes pruebas sociales sólidas, pero no se te da bien crear contenido, haz lo posible por conseguir que otra persona escriba sobre ti o te cite como un buen referente en tu campo de acción.

- Si tienes una prueba social sólida, pero no cuentas con una buena red, contacta a un experto en algún tema e invítalo a hacer una presentación en tu lugar de trabajo o en alguna organización a la cual quizá pertenezcas o lideres. Así irás ampliando poco a poco tus conexiones.

- Si tienes una red sólida, pero no has creado contenido, podrías iniciar un podcast y entrevistar allí a muchos de tus contactos.

- Si tienes una red sólida, pero no tienes pruebas sociales, conéctate, por ejemplo, con tus amigos catedráticos y pregúntales si podrían invitarte a hablar en las universidades donde ellos enseñan o en las organizaciones que dirijan.

Mucha gente se frustra, porque se ha quedado estática en cuanto a su forma de canjear sus activos y maldice su suerte por no contar con maneras específicas de hacerlo. ("No tengo suficiente dinero para hacer tal cosa", "No pude ir a Ivy League, así que no tengo cómo, ni con qué hacer tal otra cosa"). Esto es no tener presente que casi nunca hay una sola manera de conseguir lo que uno quiere.

Sé creativo cuando se trate de potencializar los activos con los que cuentas y de canjearlos por otros que desees adquirir. Esos intercambios estratégicos son los que nos permiten tomar decisiones mejores y más inteligentes a largo plazo.

A este punto, ya debes tener muy claro que potencializar pensando obtener resultados en el presente o a corto plazo casi nunca nos llevará a la meta final. También habrás visto que rara vez contamos con todo lo que necesitamos para alcanzar el éxito a largo plazo. Por eso, tenemos que aprender a hacer concesiones estratégicas. Porque, cuando aprovechamos nuestros activos, obtenemos lo que queremos y llegamos a donde, de otro modo, nos habría parecido imposible llegar.

Alcanzar tus metas suele ser un proceso lento. Necesitas orientación y apoyo para llegar allí. Pero, ¿qué pasa si no tienes asesores de confianza que sepan orientarte? ¿O si quieres contactar a otros asesores?

Eso es lo que veremos a continuación.

Recuerda:

- Hazte algunas de mis preguntas favoritas cuando necesito potencializar alguno de mis activos o áreas de experiencia:

    » ¿En qué debo invertir mi tiempo para lograr esta nueva meta?

    » ¿Cuáles son el 20% de mis actividades que producirán el 80% de los resultados que espero obtener?

    » ¿Qué necesito dejar de hacer?

    » ¿Cómo puedo sacar provecho de las limitaciones que estoy enfrentando?

    » ¿Cuáles son mis hipótesis sobre el futuro y cómo deben reflejarse en mis acciones de hoy?

    » ¿Cómo puedo hacer algo una vez y optimizarlo de 10 formas distintas?

    » ¿Dónde y cómo quiero vivir? ¿Qué debería hacer para lograr ese estilo de vida?

» ¿De qué diversas maneras podría combinar mi trabajo y mi vida para hacer que ambos sean lo más agradables posible?

» ¿Qué clase de intercambios (por ejemplo, contactos, escribiendo para editoriales, revistas o periódicos de alto perfil, iniciando un podcast, haciéndome miembro activo en clubes y organizaciones que me interesen, etc.) podría aprovechar para obtener los activos que no tengo?

Capítulo 7

LA GENTE ADECUADA EN LOS LUGARES ADECUADOS

Cuando me mudé a la Ciudad de Nueva York hace unos años, muy pronto caí en cuenta de algo sorprendente: no tenía amigos. Por supuesto, tenía gente conocida a nivel profesional y podía usar mi red de contactos para hace una reunión si quería. Agendaría un almuerzo con alguien el jueves, un café con otra persona el lunes en la tarde. Llenar los bloques de espacio en mi horario de trabajo no era problema. Sin embargo, una vez terminaba con cualquiera que fuera la reunión y volvía a la cotidianidad propia de mi ritmo de trabajo, notaba que cada noche en mi calendario estaba en blanco —demasiado seguido.

Tenía que hacer algo al respecto. Le había dicho a la gente que me mudaría a vivir a Nueva York, pero la gente seguía pensando en mí como si todavía estuviera viviendo en Boston. Entonces, cuando había una fiesta o una cena, yo no estaba en la mente de nadie. Además, la gente que conocía eran contactos casuales, no necesariamente amigos que fueran a invitarme a pasar el rato un viernes o un sábado por la noche. Así que, mirando fijamente las luces que resplandecían en el horizonte, y escuchando el bullicio de la ciudad, me preguntaba: ¿Qué tengo que hacer para encontrar una manera de conectarme y construir el círculo de amigos que tanto estaba deseando tener?

Una cosa sí sabía: no quería asumir el papel de víctima, ni quejarme de que nadie se me acercaba, ni de que la vida era injusta, ni de que era "demasiado difícil" hacer amigos en la Ciudad de Nueva York. Tenía que haber algo proactivo que pudiera hacer, algo que estuviera dentro de mis posibilidades. Recordé los consejos de la infancia que me daba mi madre cada vez que no me invitaban a una fiesta de cumpleaños o cuando mis compañeros de clase hacían planes sin mí: "Para *recibir* una invitación, tú tienes que *hacer* una invitación". Todavía sigue siendo un buen consejo.

Con demasiada frecuencia, los profesionales —incluso los más inteligentes y expertos, que no tiene problemas para contactar a clientes importantes, ni con cumplir con compromisos de alto nivel— asumen que no tienen mayor experiencia cuando se trata de construir sus conexiones personales. Piensan: "¿Por qué alguien querría reunirse conmigo?", "La gente está demasiado ocupada", "No me gustaría imponerle a nadie mi presencia" o "No quiero parecer necesitado de compañía". Y es cierto: no todo el mundo quiere tomar café contigo. Te garantizo que lo más probable es que Jeff Bezos esté demasiado ocupado para decirte que sí y Warren Buffett rechazaría tu invitación (y también la mía) a charlar un rato. Pero eso no significa que no le interese a *nadie*. De hecho, de lo que me di cuenta durante ese verano solitario en Nueva York fue que, más a menudo de lo que uno piensa, hay otras personas a nuestro alrededor que también están deseosas de conectarse con otra gente. Están esperando una invitación que nunca llega —y si eres tú quien da un paso al frente y propones hacer conexión, habrá muchas personas que se sentirán enormemente agradecidas de que tú les hayas propuesto conectarse.

Caminando por la ciudad, encontré un restaurante mexicano que me encantó, con una acústica agradable y con mesas circulares con capacidad para 10 personas, así que me di a la tarea de hacer mis invitaciones. Comencé invitando personas que conocía, pero pronto amplié el rango de gente con la que quería conectar: a veces, conseguía coanfitrión y cada uno de nosotros sería responsable de invitar a cuatro personas mediante las cuales pudiéramos polinizar nuestras respectivas redes.

El formato era simple: la primera media hora era informal, para darle tiempo a que la gente llegara y ordenara. Luego, hacíamos una ronda por toda la mesa para que todos pudiéramos presentarnos y conversar hasta cuando llegara la cena y el mesero distribuyera las comidas; luego, recorreríamos la mesa una vez más, pero esta vez con una pregunta más introspectiva que todos pudieran contestar, como: "De todo lo que has hecho este año, ¿qué es lo que te hace sentir más orgulloso? "¿Qué esperas haber alcanzado en el otoño?" "¿Cuál es la lección más sorprendente que has aprendido en los últimos años?".

Hasta el día de hoy, he organizado más de 60 cenas con cientos de asistentes y he ido adquiriendo fama como punto de conexión en una ciudad donde, prácticamente, no conocía a nadie. Durante la etapa fuerte del Covid-19, cambié el formato a virtual y comencé a hacer reuniones vía Zoom, junto con mi amiga Alisa Cohn (la entrenadora ejecutiva y rapera de estilo libre del Capítulo 3), lo que nos permitió conservar el formato general, pero con la oportunidad adicional de invitar gente de todo el mundo al chat.

Por supuesto, no todas las personas a las que invites se convertirán en tus mejores amistades. La verdad es que muchos de los invitados nunca se han vuelto a conectar, ni dieron gracias por la invitación. Algunos cancelaron en el último minuto o participaron como invitados fantasmas todo el tiempo. Pero otros se han convertido en valiosas conexiones comerciales. Por ejemplo, como resultado de conocer a un editor en una de estas reuniones, comencé a colaborar con *Newsweek*, presentando una serie semanal de entrevistas en video.

Otros asistentes se han convertido en amigos cercanos, en personas a las que puedo invitar a que nos reunamos en vivo y en directo un viernes o sábado por la noche. Y en cuanto a las reuniones que hago en línea con algún objetivo principal, yo no soy la única persona que se ha beneficiado de ellas. "Pienso en ti cada vez que me encuentro con Evan", me escribió uno de mis invitados. "Su ayuda fue fundamental para ayudarme a aumentar mi capital inicial (el que tenía disponible para mi puesta en marcha) y ahora yo también soy asesor de inversiones. Jamás lo hubiera conocido si no hubiera sido porque tú me invitaste a una de tus reuniones".

SI HACER REDES DE CONTACTOS ES TAN BUENO, ¿POR QUÉ NO HACEMOS MÁS?

Los beneficios de la creación de redes son claros: conoces personas interesantes, aprendes cosas nuevas, descubres tendencias y, solo tal vez, encuentras un nuevo trabajo, más clientes o un cargo en una junta directiva que transforme tu carrera. Sin embargo, muchos se resisten a construir sus redes o posponen día tras día la práctica de esta provechosa actividad.

En parte, porque hacerlo pareciera implicar mucho trabajo. Seguro que puedes invitar a alguien a tomar un café, pero ¿convertir ese encuentro en una relación real? Esta suele ser una inversión que muchos adultos todavía no han hecho de manera consciente desde cuando estaban en la universidad, cuando los posibles nuevos amigos vivían en su misma residencia universitaria. De modo que, como profesionales adultos, con responsabilidades laborales y tal vez con familias a las cuales atender, hacer conexiones es más complicado.

Es cierto que convertir a alguien en un amigo genuino requiere de una seria inversión de tiempo. La investigación realizada por el profesor Jeffrey Hall en la Universidad de Kansas muestra que se necesita un promedio de 50 horas de interacción para convertir a alguien que acabamos de conocer en un conocido o en una amistad casual; luego, se necesitan otras 90 horas para llevar esa interacción al estatus de amigo real y más de 200 horas para pasar a la categoría de amigos cercanos[1]. ¿Quién tiene un tiempo así en estos días?

Sin embargo, hasta las relaciones que estableces con conocidos casuales pueden ser transformadoras (según un principio expuesto en "The Strength of Weak"[2] por el sociólogo Mark Granovetter, en 1973). En 2015, conocí a una invitada por un amigo mío a una de mis reuniones. Desde entonces, la he invitado a un par de reuniones adicionales y ella me propuso participar en uno de sus podcasts y hablar allí de su libro —una conexión agradable, pero superficial—. Después, me mencionó acerca de una oportunidad de negocio que ha recaudado más de $1.1 millones de dólares durante los últimos cinco años. Uno nunca sabe.

Pero existe otra razón —incluso más importante que el tiempo— que detiene a muchos profesionales de construir relaciones y que es muy importante para sus carreras: el hecho de que construir sus redes de contactos los hace sentir sucios.

Un estudio hecho por Francesca Gino y por sus colegas de Harvard Business School demostró que muchos profesionales se sentían avergonzados y poco auténticos en lo que respecta a la creación de redes[3]. Pero, no solo es por la ansiedad que sienten en el momento de buscar una nueva conexión, sino que el simple hecho de contemplar la posibilidad de construir una red suele desencadenar en ellos sentimientos de "suciedad". Durante el estudio, Gino y sus colegas condujeron a los participantes a que establecieran su predilección por diversos productos de consumo, desde productos de limpieza como jabones y pastas dentales hasta elementos "neutrales" como notas Post-it. Para los participantes que leyeron por primera vez sobre la posibilidad de crear redes de contactos laborales, los productos de limpieza se les volvieron mucho más atractivos de un momento a otro.

Por supuesto, no todo el mundo se siente motivado por construir una red de contactos. Pero, analizando a las personas que lo están, Gino y sus colegas descubrieron dos advertencias importantes *que* hacerles a aquellos que, simplemente, no sienten ningún deseo de unirse a una red, ni de construir una. La primera advertencia *es que* el hecho de establecer una red transaccional, aquella en la que esperas obtener algún beneficio específico ("Quiero conocer a ese capitalista de riesgo que esté interesado en invertir en mi empresa"), es un ejercicio mucho más sombrío que el de tan solo querer establecer contactos para hacer amigos. La segunda advertencia *es que, cuando* se trata construir una red, es más frecuente que los profesionales de nivel junior se sientan más en conflicto que los profesionales de alto nivel. Hay dos posibles explicaciones con respecto a esto. Por una parte, los profesionales de alto nivel elevaron su rango, *porque* ellos disfrutaron o, por lo menos, no le vieron problema a hacer y establecer contactos. Por otra parte, los profesionales senior no le ven tanta necesidad a trabajar en la construcción de redes, porque saben que cuentan con el estatus y las relaciones que han hecho que las conexiones que ellos establezcan sean recíprocas (tú puedes presentarme a un cliente potencial y yo también haré lo mismo por ti).

Los puntos de vista de Gino en cuanto a este tema son cruciales: lo que estresa a la gente no es trabajo en red como tal, sino la idea de utilizar a las personas. En realidad, hay tres tipos de redes: a corto plazo, a largo plazo y mirando al infinito. Son las redes transaccionales a corto plazo las que le generan un mal nombre a este ejercicio de construcción de redes. Por eso, suelo sugerir que, siempre que sea humanamente posible, evitemos hacerlo. La verdadera creación de redes no se trata de intentar conseguir algo lo más rápido posible. Esa es una caricatura de un *mal* uso de las redes, sin embargo, la gente la usa como una excusa para no hacer conexiones.

Cuando trabajamos en red a largo plazo, o con la mirada puesta en el infinito —es decir, cuando nos dedicamos a hacer amigos y a entablar verdaderas relaciones, en lugar de simplemente conectarnos con alguien para obtener algo—, esta es una experiencia 100% diferente. Si seguimos el ejemplo de los profesionales jóvenes que participaron en el estudio de Gino, debemos tomarnos el tiempo para comprender cómo ayudarles a los demás, de tal modo que no hagamos parte de la gente que construye conexiones frívolas. Parece complicado ("¿Qué tendría que hacer para ofrecerte lo que aún no tienes?"), pero hay estrategias y formas de descubrir el valor oculto que podrías aportar. Así que hablemos de cómo hacer esto de la manera correcta.

CONSTRUYENDO REDES A CORTO PLAZO

"Entonces, un tipo se me acercó a principios de esta semana y me dijo que quería hacer una llamada vía Zoom conmigo". Esto fue lo que me dijo una de mis clientes de mi programa de *coaching*. Los dos están en un grupo de nivel profesional, así que ella le dijo que sí. Luego, vino el ataque furtivo. "Él es un buen tipo", me dijo ella, "pero en solo los primeros 10 minutos en los que intercambiamos nuestro recorrido profesional, él me preguntó si yo le haría 'un gran favor'. Me sorprendí, pues yo nunca le preguntaría algo así a un extraño, ni siquiera si asistimos a un mismo grupo. No me gusta ser una mala persona, así que suelo decir que sí ayudo, pero termino sintiendo que la gente se aprovecha y le saca ventaja a una buena actitud".

Todos hemos estado en esa misma situación: en una reunión que parece inocente y que termina convirtiéndose en una emboscada. Ciertamente, mi clienta no es la única persona a la que le ocurre eso. A la semana siguiente, otro de mis clientes me pidió un consejo. Durante los últimos meses, él había estado en contacto frecuente con un colega y habían hecho cuatro reuniones en videochats. Pasados unos días, el nuevo colega le hizo una pregunta significativa mediante la cual le pedía prestada una importante cantidad de capital. "Eso me hizo preguntarme", me dijo mi amigo, "si sería que ese era su verdadero propósito desde el comienzo. ¿Había estado fingiendo que estaba interesado en conocerme cuando en realidad lo que estaba era esperando el momento apropiado para hacerme esa pregunta?".

Es imposible contar la cantidad de veces que un extraño literal o virtual me ha pedido que lo conecte personalmente con mis amigos editores de revistas o con colegas famosos. A veces, a corto plazo, algunas maniobras agresivas funcionan: la gente nos toma por sorpresa y decimos que sí en el momento. Pero, a la larga, ese tipo de asaltos termina siendo perjudicial. Porque, cuando las personas se sienten utilizadas, nunca más estarán dispuestas a ayudarle a quien las usó.

No podemos evitar por completo la creación de redes a corto plazo. Existen momentos en que es necesario tener contactos —tal vez, nunca te hayan despedido de un empleo, ni has estado desesperado, buscando trabajo—. La desesperación nunca es deseable, como tampoco es aconsejable intentar conseguir nuevas relaciones en circunstancias así. Algunos profesionales malinterpretan terriblemente el adagio de que "no está de más pedir". Ciertamente, es importante pedir las cosas que sentimos que nos merecemos, como un aumento salarial, y si eres educado al hacer ciertas solicitudes, como un hospedaje en un mejor hotel, es posible que tengas suerte y consigas lo que buscas. Pero eso no significa que tienes carta blanca para pedir todo lo que se te ocurra.

En momentos de verdadera necesidad es bastante apropiado acudir a tus amigos. Ellos te conocen, saben cómo eres, qué habilidades tienes y están dispuestos a usar su capital social a tu favor. Además, es posible que estén dispuestos a conectarte con extraños que podrían ayudarte —por ejemplo, si hay una vacante en su empresa—. Pero este tipo de solicitudes de conexión es visto de otra manera, porque proviene de un amigo en común, de alguien que ya conoce a la persona que está presentando y en la cual confía. En cambio, si te acercas en frío cuando estás en modo "necesito ayuda", es poco probable que llegues muy lejos —según la investigación de Francesca Gino, lo que sí es bastante probable es que te sientas sucio cuando acudes a los demás por necesidad.

La estrategia que yo personalmente uso, y que les recomiendo a otros, es la de *no hacer solicitudes durante todo un año*. Lo aprendí de la manera difícil. Una vez, conocí a una mujer que era un poco como una estrella en ascenso, una periodista que había lanzado un libro al mercado hacía poco y este estaba teniendo buena acogida entre el público lector. Ella había participado como ponente en una ronda de conferencias importante a la cual yo esperaba ser invitada algún día. Las dos disfrutamos de una cena en grupo e intercambiamos un par de correos electrónicos. Entonces, decidí hacerle una consulta. Me esforcé en ser sutil y le escribí: "¡Felicitaciones por tu reciente charla! Me gustó el video. Uno de mis objetivos es ser invitada a participar allí algún día. ¿Podría pedirte algún consejo sobre cómo lograrlo?".

Según mi entender, aquel no fue un mensaje desagradable. A diferencia del mensaje del "agresor" que le pidió dinero prestado a mi amigo, para mí era evidente que yo no le estaba pidiendo que me consiguiera una presentación, ni que me nominara de inmediato para hacer allí una de mis charlas. Yo solo estaba solicitándole información general. Sin embargo, viendo la situación en retrospectiva, me di cuenta de que incluso hacerle esa petición había sido pedirle demasiado y muy pronto. Ella tenía un perfil lo suficientemente alto como para estar inundada de solicitudes de conexión. Y, aunque yo me sentí orgullosa de estar al pie de ella durante la cena, era fácil suponer que pronto ella comenzaría a recibir solicitudes de otras personas a las que también acababa de conocer.

Entonces, traté de imaginar cuál sería el guion que corría por su mente: respondería con consejos generales y útiles, solo para recibir como respuesta otro alegre correo que diría algo como: "¡Muchas gracias, eso que me aconsejas es realmente servicial! Por cierto, ¿te importaría presentarme a [la persona a cargo del evento]? Según lo que dijiste, creo que yo sería la candidata perfecta para ser la siguiente conferencista del certamen". De modo que, para evitar tener que decir que no, bien sea de manera implícita o explícita, arriesgando su capital social, ella no permitió que la conversación avanzará, ni llegara hasta ese punto. Ella sabía, o al menos, pensaba que sabía, lo que seguía de ahí para adelante.

Nunca obtuve respuesta. Me dolió darme cuenta de que lo más probable fue que no me vio diferente a las personas que solo querían ser su amiga, porque ella podría presentarles a su editor o ponerlas en un escenario en particular. Juré que nunca más permitiría que nadie se acercara ni siquiera un poco a hacer esa suposición con respecto a mí. Por lo tanto: no volví a *hacer ninguna clase de solicitudes en un año.*

Por supuesto, eso no significa que no invites a nuevos contactos a tus reuniones (el objetivo de entablar una amistad es conocerse mejor), ni que no hagas preguntas con el fin de obtener información que necesitas (por ejemplo, ¿cuál es el nombre del servicio de transcripción que utilizan?). De lo que estoy hablando es de hacer preguntas que involucren cierto tipo de conexiones, de las cuales las personas muy exitosas siempre están protegiéndose. Tú nunca querrás ser ese tipo de imprudentes que asedian a quienes no quieren tener contacto con todo el mundo. De manera, que esperar un año para pedir favores impide que tus nuevos contactos crean que tú ya tienes una agenda o un propósito con ellos previamente establecido. Y, siendo sinceros, te impide tenerlo, así sea a nivel subconsciente. Un año te permite dar un paso atrás y concentrarte en construir una amistad genuina.

CONSTRUYENDO REDES A LARGO PLAZO

Una alternativa mucho mejor a "Necesito algo, entonces, ¿qué puedes darme?" es centrarte en la construcción de redes a largo plazo. No tienes una pregunta, ni una idea especifica en mente: lo único que sabes es que vale la pena conocer a esta persona o a este grupo.

Así es como me sentí cuando comencé a escribir para *Harvard Business Review* hace más de una década los autores que escribían allí eran profesores, consultores y líderes corporativos en la cima de su carrera. Yo no tenía ningún objetivo específico en mente con respecto a construir redes, pero sabía que pasarían cosas buenas si me ubicaba en el lugar indicado. Así que creé una hoja de cálculo de las afiliaciones institucionales de contribuyentes de HBR, determinando cuáles vivían en Boston (donde yo residía en ese momento). Luego, los invitaba a tomar un café, ofreciéndome siempre a desplazarme al sitio de reunión que fuera de su conveniencia.

En el momento en que identifiques algo en común con alguien a quien te gustaría conocer o un grupo en el que le gustaría participar más, aprovecha esa afinidad para conectarte a un nivel más profundo. Por lo general, la gente desconfía de los aspirantes de nivel inferior que parecen estar acercándose a ellos, porque quizá quieren algo. Pero cuando puedes acercarte a las personas y te identificas como un compañero en algún área ("Yo también soy un colaborador de HBR" o "Yo también soy miembro del grupo XYZ"), lo más frecuente es que la gente se interese en conectarse contigo y quiera intercambiar ideas. A esto le llamo la estrategia de *aprovechar tu campo en común*.

Entonces, yo trataba de ser útil en todo lo que pudiera: si los contribuyentes que conocía tenían un libro próximo a salir al mercado, les ofrecería entrevistarlos al respecto en otra publicación. Este hecho de tomar la iniciativa de extenderles la mano y ayudarles a otros a promover su trabajo me posicionó a gran velocidad como una colega valiosa, lo cual a su vez me permitió entrar a hacer parte de la red de conexiones —lo cual, por supuesto, hizo que fuera más fácil para mí conectarme con más colaboradores—. Las primeras conexiones me llevaron a encontrarme con oportunidades de hacer coautoría y a conectarme con una escuela de negocios de primer nivel ubicada en Francia, donde luego enseñé durante varios años.

Pero, ¿qué ocurre si no hay un grupo de compañeros o colegas al cual te gustaría unirte? ¿Y si no existe ese grupo? En ese caso, tú mismo puedes ser esa persona que lo funde.

"Yo no tenía red de contactos, ni trabajo, ni amigos aquí", recuerda Tanvi Gautam. Así era su vida en 2011, cuando se mudó a Singapur desde los EE. UU. Tanvi se había unido a Twitter por esa misma época y pensaba que esa podría ser una forma de hacer conexiones, pero las conversaciones en línea parecían estar muy centradas en América del Norte. Así las cosas, todo indicaba que Tanvi tendría que trabajar muy duro para construir una comunidad. "Hice colaboraciones colectivas y seleccioné una lista de 50 mujeres de Asia a las cuales me interesaba seguir en Twitter, pues tenían una audiencia enorme", recuerda ella. "Entonces, comencé a seguir a todos estos tuiteros, pero nada de lo que allí compartían estaba sucediendo en Asia. Así que inicié un chat para profesionales en el área de RR.HH. y este se convirtió en uno de los primeros chats en tendencia a nivel internacional, proveniente de fuera Asia."

Tanvi no sabía a ciencia cierta a dónde la conduciría la comunidad en línea que había creado, pero lo que sí sabía era que estas eran las personas con las que ella quería conectarse.

"Teníamos gente del área de RR.HH., directores ejecutivos, autores, líderes de opinión y más, y provenían de todas partes del mundo", recuerda ella. Como resultado de dirigir el grupo, hoy Tanvi es profesora en Singapur Management University, ha recibido prestigiosas invitaciones para dictar conferencias, ha aparecido en periódicos y revistas; además, fue premiada por Society for Human Resource Management como una influenciadora en los medios durante seis años seguidos.

Además de iniciar tu propio grupo, otra posibilidad es identificar personas o grupos que te gustaría conocer en función de cumplir tus metas a largo plazo. Si crees que te gustaría mudarte a Los Ángeles en los próximos años, podrías comenzar por conocer deliberadamente algunos californianos; de ese modo, podrás determinar cómo es vivir allá a ciencia cierta y tendrás tu red de amigos cuando te traslades a Los Ángeles. De igual manera, si estás interesado en dictar clases en el futuro, no es una mala idea que te propongas hacer contactos en el mundo académico —gente que esté en capacidad de aconsejarte al respecto.

El punto es establecer conexiones con personas de alto nivel en el campo en el que quieres incursionar. Eso es lo que hizo Jenny Fernández. Al comienzo de su carrera en una empresa de productos envasados, ella se enfocó en construir una relación sólida con la gerente de su sucursal, quien luego fue ascendida a directora de marketing en la oficina de China. "Debido a la distancia, y con una diferencia horaria de 12 a 13 horas, era un desafío mantenernos en contacto" en aquellos días previos a las redes sociales, recuerda Jenny. "Pero yo siempre la contactaba, le informaba cómo me estaba yendo en el cargo, le contaba sobre las metas que iba logrando y todo lo importante que estuviera sucediendo en la oficina".

Habría sido fácil perder el contacto con ella a lo largo del tiempo. Pero el compromiso de Jenny por permanecer conectada con su jefe valió la pena. "Cuatro años después, ella me ofreció unirme a su grupo de trabajo en China, puesto que se iría como gerente general de la región asiática sobre el Pacífico". Estando allá, ella eligió a Jenny para que liderara la estrategia comercial y de marketing de una importante línea de productos en 13 países.

Demasiados profesionales adoptan con sus contactos el enfoque de que "lo que está fuera de la vista, está fuera de mi mente". Pero jugar a largo plazo significa permanecer enfocado y conectado a lo largo del camino con las personas que conoces y que desempeñan cargos importantes. Algunos profesionales, al ver una oportunidad ante ellos, se lanzan sobre ella casi pretendiendo que ya es de ellos desde antes que así sea —parecido a cuando un desconocido te pide tu teléfono prestado para hacer una llamada y se demora 10 o más minutos, olvidando que el teléfono no es de él—. Pero, a menudo, puedes obtener resultados más significativos tanto para ti como para tus contactos, siendo paciente y poniendo los intereses de las otras personas primero que los tuyos.

La consultora de marketing Kris Marsh vio ese principio funcionar en su vida en medio de una interacción que tuvo con el vendedor de autos a quien ella le ha comprado sus autos durante toda su vida. "Fuimos a almorzar para ponernos al día", recuerda Kris, "y él mencionó que el concesionario estaba interesado en conectarse con la próxima generación. Yo pude haber intentado venderle mis servicios de marketing". Pero ella no lo hizo. En esa época, Kris estaba dando una clase de publicidad en la Universidad Central de Michigan, así que lo que hizo fue sugerirle que sus alumnos podrían trabajar con él, ayudándole a idear una buena campaña para su concesionario. "Aquella propuesta resultó ser un beneficio mutuo", dice ella. "Mis estudiantes obtuvieron una gran experiencia y él consiguió una gran campaña publicitaria".

Las relaciones más poderosas con las clientes no provienen de que tú te empeñes en alcanzar tus metas, ni de intentar cumplir con una agenda que ya tienes establecida, ni forzando un argumento de venta con tal de convencer a quien tienes frente a ti.

Estas provienen de desarrollar tanta confianza en la otra persona que ella termine preguntándote si considerarías la posibilidad de trabajar con ella. A través del proyecto de marketing que el vendedor desarrolló con la ayuda de los estudiantes de Kris, él pudo darse cuenta de quién es ella a un nivel más profundo, pues pudo ver cómo ella procede. "Él mencionó que estaba tan impresionado con el liderazgo que yo ejercía en mi salón de clases que comenzó a preguntarse qué podía hacer yo para ayudarle a desarrollar su equipo de liderazgo", cuenta Kris. "Hasta el día de hoy, ya he dirigido varios talleres de desarrollo de liderazgo con su equipo y él me ha referido a otros clientes".

Ciertamente, habría sido posible que el vendedor de autos hubiera aceptado la ayuda gratuita de los estudiantes de Kris y luego hubiera desaparecido. Quizá, su generosidad pudo haberle costado a Kris no haber hecho el contrato ella misma con su vendedor en vez de recomendar a sus estudiantes, pero es un hecho que su deseo de ayudar a los demás primero que a sí misma trajo consigo satisfacción personal y más trabajo para ella. Como Adam Grant, profesor de Wharton School en University of Pennsylvania, escribió en su aclamado libro *Give and Take*, tú no quieres ser un tonto, así que no sigas colaborándole a la gente que nunca corresponde. Pero si comienzas tus interacciones con generosidad, las personas adecuadas se darán cuenta de ello y también se sentirán motivadas a ayudarte. Como dice Kris: "De lo que se trata es de hacer negocios basados en la confianza y en el interés genuino en ayudarnos los unos a los otros".

La creación de redes a largo plazo no se trata de conseguir un trabajo la próxima semana o el próximo año y ya. Más bien, se trata de cultivar conexiones con las personas que admiras y con las cuales quieres pasar más tiempo. No sabemos con total precisión cómo saldrán las cosas. Pero cuando estás en el lugar adecuado con las personas adecuadas, todo esto genera las condiciones para que las buenas oportunidades surjan y arrojen magníficos resultados.

CONSTRUYENDO REDES MIRANDO AL INFINITO

Quizá, la forma más gratificante de establecer contactos es la que yo llamo interconexión mirando al infinito. Eso es hacer construcción de relaciones pura, sin agenda alguna. Porque, cuando tienes cero metas o expectativas —solo un interés genuino en saber quién es la otra persona—, puedes disfrutar de esa experiencia y dejar que esta se desarrolle de manera orgánica.

Lógicamente, optimizamos nuestras redes en función de quiénes somos ahora o de lo que imaginamos que serán nuestros planes futuros. Pero, por supuesto, no podemos predecir el futuro. Pasamos años, desarrollando relaciones en nuestra industria solo para terminar diciendo que ahora queremos cambiar de campo de acción. O cultivamos lazos comunitarios profundos solo para terminar mudándonos al otro extremo del país, debido a una oferta de trabajo demasiado buena como para rechazarla.

Por esa razón, la solución a esto es adoptar la mentalidad de construir una red de contactos que perduren de aquí a no se sabe cuándo. Cada persona que conoces quizá no tenga relevancia profesional para ti, pues eres periodista y esa persona es astronauta o eres un contador y tu nuevo contacto es un político. Pero llega un momento en que cambias de ocupación —y las trayectorias de la vida también cambian— y es posible que termines acercándote mucho más a quien menos esperabas. Para hablar con mayor profundidad, hay ocasiones en que los seres humanos influimos los unos en los otros mutuamente y en formas inesperadas, por ejemplo, generando una línea de investigación, despertando una vieja pasión o inspirando una solución creativa. De repente, tu vida se vuelve diferente y mejor, gracias a la presencia de otras personas que hasta ahora eran desconocidas para ti y tú para ellas.

Así le sucedió a Hayim Makabee, el fundador de una empresa *startup* llamada KashKlik. Hayim nació en Rio de Janeiro y emigró a Israel hace casi 30 años. Queriendo retribuir, comenzó a ofrecerse como voluntario en una organización de ayuda a emigrantes. En el proceso, se hizo amigo de un miembro del personal llamado Ricardo, así que juntos ayudaron a organizar una serie de reuniones, conferencias y celebraciones navideñas.

Luego, Ricardo aceptó un trabajo en una empresa *startups* con sede en Technion, la prestigiosa universidad técnica de Israel —y no se olvidó de su conexión con Hayim—. "Ricardo me invitó a lanzar mi puesta en marcha frente a posibles inversores en un evento organizado por la empresa donde él trabajaba", Recuerda Hayim. "Posteriormente, Ricardo se convirtió en el encargado de recibir delegaciones de empresarios brasileños que vinieran a visitar Technion. Varias veces, me invitó a hacer presentaciones frente a estas delegaciones de extranjeros con el fin de contarles mi experiencia personal con respecto a lo que es iniciar una empresa *startup* en el contexto israelí".

El beneficio fue sustancial. "Uno de los emprendedores que conocí en estas delegaciones me invitó a unirme a la junta de su *startup*", cuenta Hayim. "Hoy, soy miembro de la junta ejecutiva y tengo un capital invertido en esta *startup* brasileña". Cuando empezó a ser voluntario para la organización sin fines de lucro de ayuda a inmigrantes, Hayim nunca se imaginó que eso lo llevaría a unirse a la junta directiva de una empresa. Tampoco sabía que se haría amigo de Ricardo, ni mucho menos que Ricardo siempre estaría en condiciones de ayudarlo profesionalmente. Pero, cuando no tienes agenda alguna al construir tu red de contactos, excepto conocer gente interesante, ayudar a otros y aprender cosas nuevas, cualquier cosa puede pasar.

PIENSA EN GRANDE

Eso es de lo que Laura Gassner Otting se dio cuenta cuando vio su nombre rodeado de luces titilantes que emanaban del estudio de Times Square en donde se realiza el programa *Good Morning*

America, con una animada audiencia, saludándola. Con millones de libros publicados cada año, es casi imposible que un nuevo autor se haga notar. El primer libro de Laura, *Limitless*, no fue publicado por una casa editorial reconocida en Nueva York, ni ella se convirtió en una celebridad, ni en una estrella de un reality. Era una mamá y emprendedora de los suburbios de Boston, cuyo libro había sido publicado hacía solo un mes cuando recibió la invitación de su vida.

¿Cómo lo logró? Su historia comienza con ella mirando al infinito. Muy a menudo, la gente quiere la "fórmula mágica" que les dará el concierto o el contrato o la aparición en el programa de televisión que ellos quieren. Sin embargo, no es así como suceden las cosas.

Para Laura, comenzó organizando una base de datos. Durante 15 años, ella tuvo su propia empresa de contratación, pero llegó el momento en que se la vendió a sus empleados y, después de una charla TEDx que dio, recibió algunas propuestas para hacer conferencias a nivel profesional, así que empezó a evaluar la posibilidad de hacerlas. Pero, ¿por dónde empezar? ¿Cuánto cobrar?

Para saber al respecto, se unió a un grupo de conferencistas profesionales que encontró en Facebook. "Cuando me invitaron por primera vez a ese grupo", recuerda ella, "me sentí intimidada al ver toda la gente que estaba allí. Se trataba de conferencistas maravillosos que estaban ganando $30.000, $40.000 o $50.000 dólares por conferencia, así que yo pensaba… 'Bueno, yo no pertenezco aquí en absoluto y ellos se van a dar cuenta de eso bastante rápido'". Pero, en lugar de esconderse en el fondo del salón y quedarse callada, ella utilizó una estrategia diferente: "Voy a participar y voy a aprender, pero cada vez que participe y aprenda, también voy a agregar ese recurso que aprendí en mi siguiente participación".

Su primera pregunta fue cómo estructurar un contrato para hacer conferencias. El grupo había creado una base de datos donde los miembros podían descargar sus contratos para que otros los vieran, pero era caótica y desorganizada; había demasiada información por examinar. Así las cosas, Laura decidió enfrentar el desafío. "Simplemente, revisé todo lo que había y tomé notas", dice ella. "Esto es lo que la mayoría de la gente hace con respecto a los viajes, al filmar videos y con respecto a la propiedad intelectual. Luego, una vez organizada la información, se la compartí al grupo".

En otras palabras, Laura creó una guía clara y fácil de digerir que recopilaba las mejores prácticas e hizo que todos aquellos datos amorfos que allí tenían fueran útiles para todos. Antes de lo que se imaginaba, cuenta Laura: "Me convertí en parte de aquel grupo de chicos geniales, porque seguí retribuyéndoles por lo que ellos me enseñaban. Aprendí algo sobre la publicación de libros, aprendí algo sobre los podcasts y, simplemente, yo compartía con otros esos recursos una y otra vez. Si queremos, todos podemos hacer eso". Gracias a su voluntad de ayudar, dice ella: "Empecé a construir amistades en línea con personas maravillosas a las que nunca antes había visto y con las cuales me hubiera sentido completamente nerviosa de contactar en la vida real".

Uno de ellos fue Mitch Joel, un destacado autor canadiense y experto en marketing digital. Un día, él publicó en el grupo que estaría en Boston, dictando una conferencia. "¿A alguien le gustaría que nos encontráramos para almorzar?", preguntó él. Laura respondió que a ella y fue así como surgió una amistad en persona entre ellos dos. Pero eso fue solo el comienzo. Mitch y Laura se mantuvieron en contacto y varios meses después, él le envió un mensaje de texto inusual. Laura recuerda que él le dijo: "Oye, mi empresa está patrocinando un evento mañana y Joe Biden (el entonces ex vicepresidente) es el conferencista principal. Yo sé que tú tienes experiencia en política. ¿Qué vas a hacer mañana?".

Siendo sinceros, aquella era una invitación interesante, pero no conveniente. Laura vivía en Boston y el evento de Mitch era en Montreal, así que tendría que comprar un boleto de avión y cambiar todos sus planes del día siguiente. "Yo podría haberle dicho fácilmente: 'No, no, no, no puedo hacer eso. No puedo gastar el dinero en ese viaje. Me parece un despilfarro'". Pero eso no fue lo que ella hizo. Más bien, reprogramó sus reuniones y pasó el día en el evento con Mitch, aprendió muchas cosas interesantes y además tuvo un encuentro con Biden y pudo saludarlo.

Cuando participas en una red con la mirada puesta en el infinito, nunca sabes qué va a resultar de ella. "Si haces cosas buenas con gente buena, las cosas buenas siempre llegarán", dice Laura. Resultó bueno que Mitch le dijera a Scott, el organizador del evento: "Oye, Laura tiene un libro que se publicará en dos meses y creo que deberías tenerla como una de tus conferencistas". Scott tenía una serie de conferencias de liderazgo en camino, con miles de asistentes y con la participación de conferencistas reconocidos, como la defensora de los Derechos Humanos Malala Yousafzai. Laura entendió cuál sería el beneficio que obtendría de su participación en aquel lugar —obviando el hecho de que no le pagarían por su conferencia—. "Cuando estás comenzando, eso suele pasar", dice ella. Además, Scott estaba dispuesto a realizar pedidos al por mayor de su libro, lo cual generó que ella terminara formando parte de una gira de conferencias por Canadá.

En la última parada, uno de los conferencistas era Robin Roberts, anfitrión de *Good Morning America* y uno de los héroes de Laura. Por supuesto, ella anhelaba conocerlo con todas las fuerzas de su alma, pero no veía cómo podía hacerlo, así que le dijo al maestro de ceremonias del evento, con quien se había hecho amiga durante el transcurso de la gira, sobre sus deseos de conocer a Robin Roberts. "Entonces, el maestro de ceremonias, literalmente, tomó un ejemplar de mi libro y me lo dio, diciendo: 'Por favor, fírmalo y escríbele una muy buena dedicatoria. Yo me aseguraré de que él lo reciba'". Laura hizo su parte, escribiendo un mensaje sincero sobre cómo y por qué Robin la inspiraba. El maestro de ceremonias hizo la suya, literalmente, persiguiendo a Robin hasta su auto cuando él ya se iba, logrando poner en sus manos el libro de Laura. Robin lo leyó durante su vuelo de regreso a casa, tuiteó sobre cómo le pareció a sus más de un millón de seguidores en Twitter y le dijo a su productor: "¡Entrevistémosla!".

"¿Sabía yo que, cuando estaba ayudando a armar esa base de datos, ese simple hecho me llevaría a entablar una amistad con Mitch, y que él me llevaría a conocer a Scott, quien me llevaría a estar en el escenario y que todo esto conllevaría a conocer a Robin Roberts, y que un maestro de ceremonias me ayudaría a estar frente a él? Pregunta Laura. "No. Pero, si vas por la vida con la idea de servirles a los demás, todo eso bueno que haces volverá a ti multiplicado".

Cuando te conectas con otros con tu mente puesta en el infinito —sin ninguna otra agenda que no sea ser útil y profundizar tus relaciones con gente interesante—, es ahí donde surgen las buenas oportunidades. También fue así como me encontré en el escenario de los Premios Grammy.

LA VEZ QUE AYUDÉ A PRODUCIR UN ÁLBUM DE JAZZ GANADOR DE UN GRAMMY

Era febrero de 2017 y me sentía exhausta. Acababa de subir a aquel famoso escenario, en traje de esmoquin. Era una dicha estar allí así fuera por unos pocos instantes y ser parte de la comitiva que recibiría el Grammy al Mejor Álbum de Ensamble de Jazz. Después de todo, no puedes demorarte en la tarima, pues hay que mantener el show en movimiento. Recuerdo que tuve que parpadear unas cuantas veces, debido a las luces de los reflectores, sin embargo, no dejé de notar que desde allí el auditorio se ve enorme y oscuro. Sonreí bastante, antes de que nos llevaran detrás del escenario para tomarnos las fotos de rigor.

¿Cómo diablos llegué allí? Después de todo, no soy una gran conocedora de este estilo de música, ni mucho menos la interpreto. Ni siquiera distingo entre Miles Davis, Dizzy Gillespie y Thelonious Monk. De modo que, lo que me llevó a convertirme en productora asistente de ese álbum de jazz fue mi habilidad en otro campo muy diferente al musical: el de la creación de redes.

Por lo tanto, me parece importante desglosar cuál es el proceso de creación de redes que utilizo, de tal modo que tengas una idea bien clara de cómo funciona:

1. Cuando me mudé por primera vez a la Ciudad de Nueva York, quise implementar mi estrategia para conocer gente que viviera a mi alrededor, así que me enfoqué en investigar qué otros escritores de *Harvard Business Review* se encontraban en la zona. Fue así como terminé tomando un café con Daniel Gulati, un capitalista de riesgo que vivía allí en esa época. Unos días después, Daniel tenía programado hacer una conferencia en un panel que tendría lugar en New School for Social Research. Al parecer, necesitaban un conferencista adicional y Daniel me preguntó si quería participar en el evento.

2. Entre la audiencia se encontraba Michael Roderick, consultor y exproductor de Broadway, quien se me acercó al terminar el evento y, a partir de ese momento, nos mantuvimos en frecuente contacto. Al cabo del tiempo, decidimos ser coanfitriones en diversas reuniones de creación de redes que organizamos entre juntos.

3. Varios meses después, Michael invitó a una de esas reuniones a Selena Soo —una emprendedora a la cual me referí en mi libro *Entrepreneurial You*.

4. Unos meses después, un sicólogo y asesor ejecutivo llamado Ben Michaelis le pidió a Selena que lo ayudara a invitar a amigos a un desayuno que él estaba organizando

con el fin de hacer nuevos contactos, de modo que ella me invitó.

5. Durante el desayuno, conocí a Kabir Sehgal. Kabir es un hombre un poco renacentista: un escritor *bestseller* de *The New York Times* que también trabajó en finanzas y fue oficial de la inteligencia naval. Sus libros van desde una colección de poesía en coautoría con Deepak Chopra —enfocado en un estudio sobre el movimiento de los Derechos civiles— hasta una crónica de la historia del dinero. En resumen, Kabir es un tipo que sabe cómo optimizar y hacer evidente en su vida el concepto de ser interesante.

Además, resultó ser que Kabir era un músico profesional de jazz y ya había producido varios temas musicales. En su próximo y apasionante proyecto, Kabir estaba escribiendo el libreto de una ópera. De inmediato, me di cuenta que yo podría ayudarle a hacer algunas buenas conexiones. Esto fue antes de que me uniera a BMI Workshop, así que no tenía ningún interés especial en el mundo de la música. Sin embargo, debido a que desarrollé una variedad de conexiones cuyo propósito se proyecta al infinito, conozco muchos músicos, incluidos cantantes y compositores de ópera. Entonces, inspirada en querer ayudar a Kabir, decidí organizar una reunión para que todos mis amigos músicos se conocieran. Así que, una noche de julio, invité a mi casa a más de una docena de ellos.

Durante la reunión, Kabir se conectó con un productor musical y empezaron a trabajar juntos en la composición de una ópera. Meses después, Kabir ya estaba trabajando en otro proyecto y, queriendo devolverme el favor, me envió esta nota: "Dorie, ¿te parecería bien si te incluyo como productora asistente de un álbum que lanzaré este verano, llamado *Presidential Suite*, por Ted Nash?". Además, me contó que pensaba que su álbum tenía una buena oportunidad de salir premiado en el Grammy. La verdad es que no se equivocó. Unos meses después, los nominados fueron anunciados y Ted Nash Big Band fue nominada en dos categorías de las cuales ganamos las dos.

Nunca pensé que asistiría a los Grammy y mucho menos que caminaría por aquella famosa alfombra roja, ni que haría parte de una comitiva para recibir algún premio en ese escenario. Pero, mediante la creación de redes, y gracias a la constante práctica de la generosidad recíproca, muchas cosas increíbles pueden suceder. Muy a menudo, la gente se impacienta con el proceso de creación de redes de contacto. Se frustran al creer que el proceso no está funcionando cuando ven que, solo después de uno o dos encuentros para tomar un café, estos no generan un nuevo trabajo, ni un cliente cuyos negocios sean de seis cifras de una vez. Pero mi conexión con Kabir —habiendo pasado por la conexión con Daniel, luego con Michael, Selena y Ben— es más la regla que la excepción de cómo funcionan las redes de contacto.

Los beneficios de construir relaciones son mucho más poderosos de lo que podemos imaginar —en gran parte, *porque* no hay manera de anticipar cuál será la cadena exponencial de las conexiones y colisiones que se desatarán a partir de un solo contacto—. Es imposible predecir lo que podría surgir de una determinada conexión, ni cuáles darán fruto, ni qué otras no conducirán a ninguna parte. Será increíblemente frustrante si, de entrada (mediante una invitación a tomar un café), esperamos construir una correlación que resulte de inmediato en una gran oportunidad (una oferta de trabajo inmejorable). Pero, cuando estamos pensando a largo plazo, no hay prisa por obtener resultados—todo hace parte del proceso de llegar a conocer gente fascinante.

APORTÁNDOLE VALOR A LA INTERACCIÓN

Francesca Gino (la profesora de Harvard Business School) y sus colegas se dieron cuenta de que, cuando no te sientes seguro de lo que tienes para aportarles a los demás, o cuando la respuesta a esa duda es que, definitivamente, sientes que no tienes nada que aportar, la idea de construir una red de contactos es mucho menos agradable. Pero, si miramos lo suficiente, todos tenemos algo que aportar. Puede que tengamos que ser creativos al respecto. Es genial cuando ves que puedes cubrir una necesidad que alguien tiene, por ejemplo, cuando necesitas un empleado y un amigo tuyo tiene la experiencia y el perfil adecuados para ocupar el cargo; también es satisfactorio cuando alguien necesita contactar a un abogado experto en propiedad intelectual y tú conoces a uno excelente. Claro que hacer conexiones tan perfectas como estas suele ser raro. Es por eso que necesitamos aprender a hacer canjes, usando otros tipos de divisas.

Uno, es bastante simple: ofreciendo amistad y experiencias compartidas. Cuando Hayim Makabee trabajó con Ricardo en Israel, él no tenía forma de saber que Ricardo algún día estaría en condiciones de ayudarlo. Él no lo estaba "cultivando" para que después le ayudara a su empresa. Pero su tiempo juntos, participando en proyectos para ayudarles a las comunidades necesitadas, construyó entre ellos un vínculo fuerte. Del mismo modo, Jenny Fernández se ganó el respeto de su exjefa cuando trabajaron juntas y ella se aseguró de mantenerla al día y en contacto mutuo durante buen tiempo después de su traslado a China, a pesar de que ambas estaban en lados opuestos del mundo. A los compañeros también les encanta conectarse entre sí e intercambiar diversas experiencias. Si formas parte de un grupo, ya sea el de exalumnos de tu escuela, de colaboradores de una determinada empresa o de la asociación de profesionales colegas tuyos, bien podrías aprovechar esas reuniones para iniciar o ensanchar tu red de conexiones.

También podrías, cuando sea posible, contribuir con "el grupo de los poderosos" —siguiendo el ejemplo de Heather Rothenberg, a quien me referí en mi libro *Reinventing You*—. Cuando Heather era una joven estudiante de posgrado, se interesó en construir relaciones con una gran cantidad de líderes bastante influyentes en su campo de acción, ofreciéndose a trabajar incluso en calidad de voluntaria como asistente de este grupo de profesionales. Su labor no era nada glamorosa: tomaba notas y organizaba conferencias telefónicas, pero ella supo construir relaciones tan profundas y de sólida confianza con estos líderes clave que ellos terminaron disputándosela, ya que varios de ellos querían contratarla.

Además, a menudo, los líderes senior se sienten atrapados en medio de sus juntas directivas, ya que quieren escuchar diferentes perspectivas por parte de sus colaboradores, pero no suele ser así. De modo que, si eres un empleado de alto nivel o tienes una perspectiva única según la región donde trabajas o las habilidades que has desarrollado son óptimas, tu punto de vista será muy bien recibido y remunerado.

Otra forma de aportar valor es ayudándoles a otros a hacer conexiones que sean interesantes y valiosas para ellos. Las reuniones que yo organizaba en Nueva York me permitieron conectarme con los asistentes a ellas y ponerme al día en lo que estuviera aconteciendo, pero también permitieron que otras personas también se conectaran con gente de su interés. Por ejemplo, mi amiga que consiguió un asesor de *startups*; también Kabir se conectó con un grupo magnífico de profesionales de la ópera; de lo contrario, encuentros como esos no suelen suceder.

Hay algo sexy en la idea de convertirse en un "conector". Esto implica que eres popular —el tipo de persona que conoce a todo el mundo y que puede hacer que las cosas sucedan—. A lo mejor, debido a eso, y gracias a su constante encanto al estilo de Malcolm Gladwell[4], muchas personas se enorgullecen del hecho de servir como conectoras sin necesariamente entender cuáles son las reglas básicas e implícitas que se requieren para hacer conexiones. La primera regla es que la conexión debe ser consensual —lo que significa que les has preguntado a ambas partes si les gustaría encontrarse—. Con demasiada frecuencia, recibo correos electrónicos como este:

> A través de este correo electrónico, quería presentarte a [la persona], quien es [estudiante]. Él es un fan tuyo y de tus libros. Sé lo ocupada que estás, pero pensé en conectarlos para que sincronicen sus superpoderes en lo referente a la construcción de redes y a generar magníficas conexiones.

Por un lado, conectar gente es encantador —muy elogioso y es claro que el presentador está reuniendo a dos personas que a él le agradan y a las cuales respeta—. Pero, al hacerlo, hay fallas que suelen surgir de inmediato. Por ejemplo, si este presentador realmente sabía qué tan ocupada yo estaba, podría haberme preguntado si yo tenía tiempo disponible para conocer a su amigo. Además, él parece creer que "sincronizar nuestros superpoderes" es motivo suficiente para conectarnos, sin siquiera permitirme saber si había una razón por la cual me gustaría conocer a esa persona.

De hecho, por supuesto, no había ninguna. Yo no le había expresado ningún deseo de conocer más personas en la industria X o con experiencia en Y. Él y yo nunca habíamos hablado nada al respecto de la creación de redes, ni de mi deseo de apertura a nuevas conexiones. Sin esa claridad, una conexión como la que él hizo muy pronto termina convirtiéndose en una especie de tarea impuesta. Aunque eso no era en absoluto lo que él pretendía, terminó asignándome la tarea de tener que sostener una conversación durante 30 minutos con su amigo. Solo así yo podría entender lo que él y yo teníamos en común y por qué podría ser beneficioso desarrollar una relación con esta persona.

En otras palabras, el presentador cometió un error común, que es asumir que todo mundo está abierto a conocer a otros y a compartir con ellos el mismo tipo de criterios que los lleve a entablar posibles conexiones. A menos que lo sepamos con certeza —porque la persona nos lo ha dicho directamente o porque es nuestro mejor amigo y sabemos todo sobre él—, tenemos que preguntar.

Por último, puedes hacerte notar y adquirir nuevos contactos, simplemente, siendo amable y haciendo cosas diferentes. Las formas más usadas de hacer una solicitud para conocer a alguien son "vamos a tomar un café" o "hagamos una videollamada". No hay nada de distinto en eso, de modo que corres el riesgo de pasar desapercibido entre todos los posibles aspirantes a conocer a esa persona. Más bien, piensa en ese algo único que la otra persona podría querer o necesitar. Por ejemplo, varias semanas antes de asistir a una conferencia que me programaron en Dinamarca, recibí un inesperado correo electrónico de una mujer llamada Sigrun Baldursdottir. "Copenhague es conocida por ser una ciudad llena de excelente ropa, decoraciones y diseños de interiores", me decía en su mensaje. "Soy diseñadora de moda con una maestría en Marketing y Negocios Internacionales, y tengo más de 14 años de experiencia trabajando como estilista".

En síntesis, ella se ofrecía a llevarme de compras por Copenhague sin cargo alguno, señalando: "He estado viendo tus videos en tu sitio web y me gusta tu estilo de ropa. Así que seré muy rápida y eficaz, ayudándote a encontrar el tipo de ropa que te gusta". Si mi conferencia hubiera sido en los Estados Unidos, la oferta no hubiera sido tan tentadora ("¡Puedo mostrarte los mejores centros comerciales de Dallas!"). Pero ella supuso a ciencia cierta que tener la oportunidad de recorrer una ciudad desconocida en compañía de un lugareño y comprar regalos (las vacaciones se acercaban) era una propuesta bastante convincente. Total, terminamos pasando más más de medio día juntas y todavía seguimos en contacto. Así que, como verás, al identificar áreas donde tus habilidades se ajustan a las necesidades de la otra persona, lograrás desarrollar conexiones mucho más significativas.

Todos sabemos que las relaciones interpersonales son cruciales para nuestro éxito profesional y para mejorar cada vez más la calidad de nuestra vida. Sin embargo, muchas personas creen de manera catastrófica —que las redes nos obligarán a convertirnos en usuarios no auténticos— que nos descuidaremos en cuanto a desarrollar el tipo de conexiones transformadoras que cualquiera querría tener. Por el contrario, construir redes de forma adecuada no consiste en ver lo que otros tengan para ofrecerte hoy o mañana. De lo que se trata es de que tengas claro cuál es el estilo de vida que quieres vivir y de rodearte del tipo de personas que quieres en ese viaje. Porque, cuando juegas a largo plazo, hay ocasiones en que construir redes de contactos tiende a parecernos increíblemente difícil o frustrante. No obstante, ¿cómo podemos perseverar en este objetivo?

Eso es lo que veremos a continuación.

Recuerda:

- Hay tres tipos de redes:

    Redes a corto plazo. Cuando necesitas algo rápido, como un trabajo o un cliente. Este es el tipo más frecuente de caer en la trampa de usar a las personas, así que hazlo con moderación y solo con personas con las que ya tienes una relación cercana.

    Redes a largo plazo. Son aquellas en las que se desarrollan relaciones con gente interesante a la que admiras y de cuya compañía disfrutas. Estos contactos tienden a ser potencialmente útiles en el futuro y de formas indeterminadas.

    Redes de contactos, mirando al infinito. En este tipo de redes construyes relaciones con gente fascinante en diversos campos que, a simple vista, pareciera no aportarte nada en absoluto. Es decir, estás construyendo la conexión por puro interés en ellos como personas y, con el tiempo, ¿quién sabe? Sus caminos podrían converger de formas inesperadas y sorprendentes.

- No hagas solicitudes a lo largo de un año. Evita pedirles a tus nuevas conexiones cualquier tipo de favor significativo durante, al menos, un año. De ese modo, evitarás que haya presión en tus nuevas relaciones y te asegurarás de que estas tengan claro que tú no estás haciendo amigos solo para aprovecharte de ellos.

- Cuando te unas a un grupo, colabora en todo lo que te sea posible. Elige un puñado de organizaciones en las que sientas que quieres llegar a sus miembros con el deseo verdadero de aportar y construir relaciones que valgan la pena. Como estas personas serán afines a ti en el tema que las reúne será más probable que ellas y tú respondan positivamente al hecho de conectarse.

- Toda relación tiene que ser recíproca. Si alguien es más poderoso o tiene más estatus que tú, es probable que te parezca que no tienes nada que ofrecerle a esa persona. Entonces, sé creativo. Estarás usando a alguien cuando lo único que quieras sea beneficiarte de esa persona, así que piensa bien lo que tú también estás dispuesto a ofrecer en esa relación y sigue indagando hasta encontrar de qué se trata. (Pista: si se trata de personas poderosas en un cierto campo de acción, lo más probable será que la forma en que puedas ofrecerles algo de valor se encuentre en un área diferente que les interese a esos nuevos contactos, como consejos, por ejemplo, con respecto a qué hacer o a dónde ir cuando estén de visita en tu ciudad; también podría tratarse de estrategias para perder peso o sobre cómo iniciar un podcast, si es que tú tienes uno desde hace mucho tiempo).

Sección 3

CONSERVANDO LA FE

Esto es lo que pasa con el juego largo: a veces, puede ser solitario, enloquecedor e insatisfactorio, pero que, al fin y al cabo, vale la pena jugar. Eso lo sabemos a nivel intelectual. Sin embargo, en el momento, suele parecernos una completa y humillante pérdida de tiempo.

Como hemos comentado en las dos secciones anteriores, es fundamental generar más espacios en blanco en nuestra agenda y en nuestra mente para poder determinar de manera estratégica cuáles son nuestras prioridades. No tendremos éxito, a menos que tengamos claros nuestros objetivos y cómo alcanzarlos. Nada de esto es fácil de hacer, pero se trata de realizar actividades con miras al futuro, apuntando lejos de las frustraciones del pasado y avanzando hacia un mañana brillante.

En esta sección final, abordaremos un aspecto que es muy difícil y que hace tropezar a muchas personas a lo largo del camino del juego largo: me refiero a ser todo lo pacientes que necesitemos para avanzar hasta llevar a cabo lo que nos hayamos propuesto. Te aseguro que, cuando somos lo suficientemente pacientes, las recompensas suelen ser transformadoras.

Capítulo 8

APLICANDO LA ESTRATEGIA DE LA PACIENCIA

"Infortunadamente, el mundo nos ha enviado demasiados mensajes negativos sobre la velocidad con la que debemos alcanzar el éxito", me dijo Ron Carucci una tarde de verano. "Todos hemos escuchado esa frase cliché acerca de que 'se necesitan 10 años para lograr tener éxito'. Y aunque nos parece cliché, realmente es así. Lo que ocurre es que no lo creemos. Preferimos pensar: 'No, debe haber atajos'. Y cuando vemos personas que parecen haber encontrado esos dichosos atajos, nosotros también queremos encontrarlos".

Ron es una de esas personas de las que los demás podrían decir que obtuvo éxito de la noche a la mañana. Siendo director de una firma consultora boutique, en el lapso de unos pocos años, Ron comenzó a escribir de manera estable para *Harvard Business Review* y *Forbes*; hizo no una, sino dos charlas TEDx, una de los cuales ha sido reproducida más de 100.000 veces; además, dio una charla como autor en Google. Sin embargo, en 2015, cuando vino por primera vez a mí como cliente de coaching, se sentía frustrado. Era excelente en su oficio y los clientes se entusiasmaban con él. Se había convertido en un escritor sólido y le encantaba compartir sus ideas. Pero nadie, fuera de su círculo inmediato, parecía estarlo escuchando. Sus ideas eran algo así como una especie de secreto muy bien guardado.

Al escucharlo, vi de inmediato dónde estaba el problema. Sus escritos eran prodigiosos y perspicaces, pero los únicos lugares en los que se podían encontrar eran en el blog y en el boletín informativo de la empresa. Entonces, si tú aún no estabas en su órbita, no había forma de que lo descubrieras. Así que trabajamos para construir su presencia en las redes sociales y él buscó la forma de escribir para publicaciones de alto nivel. Aquella fue una época embriagadora. "Cuando empezamos", recuerda él, "mi primera columna de *Forbes*, mi primera columna de HBR, mi primer tweet, mi primer seguidor de LinkedIn, mi primer podcast, todo eso me generó gran euforia".

Sus ideas comenzaron a ser escuchadas, reconocidas y amplificadas. Uno de sus primeros artículos en hbr.org hasta se volvió viral, convirtiéndose en uno de los 10 más populares del año. Pero, como él mismo señala, "la luna de miel desaparece a gran velocidad". Los sicólogos llaman a este proceso *adaptación hedónica*, que es cuando la felicidad o el entusiasmo que sentimos por algo se desvanece y volvemos a nuestros niveles básicos de estado de ánimo. Haber sido publicado de manera periódica durante todo el mes de agosto hubiera sido una victoria asombrosa para Ron uno o dos años atrás. Pero ahora, Ron tenía diferentes problemas que enfrentar.

"Es pésimo obtener 400 visualizaciones en *Forbes*", dice él. "Y si obtienes 10.000 visualizaciones, estás pensando que no fueron 30.000. Logras que te acepten un artículo en HBR, pero no otro. Entonces, piensas: '¡Maldita sea, soy pésimo!'". Por supuesto, no eran sus editores quienes le decían esto. Sus amigos, ni sus familiares, ni sus clientes tampoco se daban cuenta, ni les importaba cuántas visualizaciones estaba obteniendo Ron en sus redes. Así que, como su entrenadora, le aseguré que era perfectamente normal que algunas publicaciones funcionaran mejor que otras: todo es parte del proceso de darte a conocer.

Pero, a menudo, las más difíciles de manejar son nuestras voces internas. "Pones tu sentido de importancia y validación en manos de tantas otras personas", dice Ron, "y es así como pierdes la justa proporción de las cosas. Miras la cantidad de visitas que hay en tu página, cuántos 'me gusta' recibiste o cuántas veces han compartido lo que publicaste, sin darte cuenta que todo esto es simple vanidad métrica. Vas a dictar una conferencia y cuentas cuántas personas estuvieron interesadas en acercarse a hablar contigo y quiénes eran. Por lo tanto, es importante dejar de hacer mediciones defectuosas. Lo que ocurre es que estas son muy adictivas".

A los ojos de casi cualquier otra persona, Ron estaba teniendo un gran éxito. Para el otoño de 2019, ya había publicado más de 100 artículos en *Harvard Business Review* y *Forbes*. Pero a él eso no le parecía suficiente, porque siempre había algo más que no había hecho, sobre todo, escribir un libro de gran éxito. Pero tenía un plan. Desarrolló una propuesta llamada *To Be Honest*, una mirada profunda a la ética empresarial y por qué a veces las empresas y los individuos se descarrían y cómo prevenir que esto ocurra. Le parecía una proposición tan clara y buena que, según él, esta sería la culminación del trabajo de su vida. Y luego, empezaron a llegar los rechazos.

"Para mí, fue terrible, porque no estaba preparado para ello", dice. "Ese fracaso me envió de cabeza a una cueva oscura en la cual permanecí tres o cuatro meses en un estado de autodesprecio, con sensación de insuficiencia, haciendo comparaciones erróneas y sintiendo una terrible autovictimización... me sentía enojado y con derecho a permanecer en ese lúgubre estado".

CUANDO EL PLAN NO FUNCIONA

Sabemos que el éxito no ocurre de la noche a la mañana. Y, aun así, nos parece ver que otros están mejorando o avanzando más rápido que nosotros, así que nos preguntamos qué es lo que estamos haciendo mal. Incluso cuando entendemos a nivel intelectual que hay contratiempos que surgen y que a veces comenzamos de la manera equivocada —después de todo, 12 editores rechazaron la primera novela de *Harry Potter*, de J. K. Rowling[1]— y, sin embargo, no podemos creer que esto nos estén pasando a nosotros.

En ese sentido, yo tampoco soy diferente. Siempre me fue bien en la escuela y admiraba a mis profesores universitarios. ¡Qué fantástico que le paguen a uno por leer y pensar y hablar de ideas todo el día! De modo que me enganché en esa idea y fue así como me decidí por una carrera que tuviera que ver con la enseñanza. Me aceptaron en un programa de maestría en estudios teológicos en Harvard Divinity School y pensé que tendría un éxito similar al de mis profesores a la hora de ingresar a un programa de doctorado.

Pero no fue así como resultó. Fui rechazada por todo programa al que apliqué. De modo que, cuando vi el sobre con los resultados finales en mi buzón y los leí, me sentí perdida. No tenía ningún plan B. Nunca se me pasó por la mente que necesitaría uno.

Hoy, enseño en Duke University's Fuqua School of Business y en Columbia Business School, y he dado conferencias en las principales escuelas en casi todos los continentes. No me equivoqué con la elección inicial de mi carrera: yo sabía que me gustaba escribir, hablar y pensar e interactuar con los estudiantes. Y sabía que sería buena en eso.

El hecho es que ningún emprendimiento te dará la garantía del triunfo —y eso mismo ocurre con los programas de doctorado—, pues nada de lo que hagas será importante si tú mismo no estás convencido de *ello*. Por supuesto, con el paso del tiempo, la excelencia se impondrá. Pero, a corto plazo, necesitas tener en cuenta que podría darse el caso de que quizá seas rechazado y que tus habilidades pasen desapercibidas. Por ejemplo, digamos que comenzaste tu propio blog o podcast —ten presente que tener éxito de la noche a la mañana es extremadamente raro—. Necesitarás tiempo para construir una audiencia, junto con la perseverancia para mantenerte en marcha aun cuando te parezca que nadie te está escuchando o cuando tus jefes crean que no tienes lo que se necesita para triunfar.

En el momento, es imposible saber si el asunto no funciona del todo o si es que no está funcionando… todavía. Estamos acostumbrados a confiar en que nos digan en qué aspectos somos lo "suficientemente buenos". Pero el problema es que, quienes nos lo dicen, bien podrían estar equivocados.

"Me parecía tan buena", comenta Ron sobre su la propuesta de su libro. "Yo estaba convencido de ella; su finalidad, su propósito, eran muy reales para mí. Sin embargo, el mundo me estaba diciendo, 'No escribas este libro'".

RECUPERÁNDOTE DEL RECHAZO

Así fue como se sintió Anne Sugar —una *coach* ejecutiva exitosa que trabajaba para grandes empresas y en programas de educación ejecutiva de Harvard Business School—. Le encantaba escribir e incluso tomaba clases de poesía en línea como una forma de entretención. Anne ya había hecho algunas publicaciones en algunos medios, así que, cuando se le presentó la oportunidad de escribir para una nueva casa editorial de alto perfil, la propuesta le pareció un gran desafío.

Durante seis meses, se dedicó a escribir. Escribía por las noches, durante sus fines de semana y entre uno y otro entrenamiento que hacía con sus clientes. Fue así como produjo artículos sobre temas a los que sus clientes se enfrentaban muy a menudo, por ejemplo, cómo delegar, cómo vencer el agotamiento y aumentar la creatividad, puesto que ella pensaba que lo más probable era que otros profesionales también estaban luchando con esos aspectos. Así iba todo hasta que, un día, después de que ella había escrito 35 artículos sin remuneración económica ninguna, su editor le manifestó que su trabajo no estaba resultando tan bueno como ellos esperaban. "No creamos que tu trabajo esté siendo innovador", recuerda Anne que él le dijo.

"Lo admito", comentó ella. "Lloré". Siendo honestos, ¿quién no lloraría ante esas palabras? Entonces, para salir de su tristeza y sus dudas, Anne llamó amigos y colegas que habían experimentado reveses similares para ver cómo ellos se habían recuperado de sus fracasos y resultó que uno de ellos todavía no se había recuperado. Ese colega le dijo a Anne: "Nunca volví a escribir". Esa idea la aterrorizó —entendió que un rechazo mal afrontado podría descarrilar para siempre la producción creativa de cualquiera, así amara escribir—. De modo que, ante tal posibilidad, Anne juró no cometer ese mismo error. A los cinco meses, ya había empezado a escribir para otra casa editorial igual de prestigiosa a la anterior. Anne estaba de vuelta en el ruedo.

El camino para convertirte en un experto reconocido —o incluso para conseguir que tus ideas sean un poco más tenidas en cuenta— no es fácil. A menudo, los novatos se preocupan por lo que les dicen los matasueños que todos tenemos a a nuestro alrededor: *¿Qué pasa si alguien te ofende y te dice que no le gustan tus ideas?* Eso puede ocurrir, pero el problema más común en tus primeros años de realización profesional suele ser todo lo opuesto: durante largo tiempo, recibes total y completo silencio. "Casi escuchas tu propio eco cuando preguntas '¿Hay alguien ahí?'", comenta Anne.

Hasta habrá veces en que te preguntarás si alguien te está escuchando o si tu arduo trabajo vale la pena. Dictar una conferencia o publicar un artículo o hacerle una magnífica presentación a un cliente puede parecerte un gran trabajo, pero es posible que otros apenas lo noten. Suele resultar desalentador. Pero, como dice Anne, con paciencia, llega el momento en que las "gotas de lluvia" del reconocimiento comienzan a caer: "A alguien terminó gustándole una de las historias que publiqué en *Harvard Business Review* y me hizo una invitación a participar en un podcast". A partir de ahí, Anne comenzó a recibir solicitudes de conexión en LinkedIn, así como nuevos suscriptores a su lista de correo electrónico y solicitudes para dar su opinión acerca del libro de alguien. Por supuesto que ninguna de estas cosas es evidencia indiscutible de un éxito mundial, pero te dan una pista: otros están comenzando a escucharte y quieren escucharte más.

Hace poco, Anne me envió un correo. Acababa de cumplir su tercer aniversario de trabajar en torno a dar a conocer sus escritos, y "algo me ha estado sucediendo últimamente", me escribió. "De un tiempo para acá, los artículos que escribo y las publicaciones en LinkedIn se han vuelto virales. Al principio, por unos dos años, obtenía unas 100 visualizaciones por artículo ¡y me sentía emocionada con eso!". Pero, en el último mes, una de sus publicaciones en LinkedIn recibió 55.000 visitas y uno de sus escritos en *Forbes* obtuvo más de 15.000. "No estoy haciendo nada diferente en absoluto", me explicó. Pero, con el tiempo, Anne se dio cuenta que había estado ganando impulso. Había aprendido a ponerlo todo en perspectiva. "Ha sido mucho tiempo trabajando", dijo, "y todavía tengo un largo camino por recorrer".

¿Ver esos indicios y destellos en el horizonte? Eso es algo que te hace sentir muy bien.

Suelo decirles a los participantes en Recognized Experts que tienen que estar dispuestos a hacer el trabajo de compartir sus ideas públicamente durante, al menos, dos o tres años, antes de que comiencen a ver algún resultado. Ese es un gran acto de fe —mucho tiempo invertido en una experiencia muy incierta para obtener un buen resultado—. Por eso, es fácil ver por qué otros no se molestan en hacerlo o lo harían y muy pronto se rendirían. Pero ese mismo hecho se convierte en tu ventaja competitiva para ti.

Si puedes practicar el arte de la paciencia estratégica —no a ciegas, esperando que sucedan cosas buenas por arte de magia, sino entendiendo el trabajo que debes hacer y *haciéndolo realidad*—, estás en mejor posición de lograr tu objetivo que casi cualquier otra persona en tu campo de acción. El tiempo para lograrlo varía para todos, por supuesto. Pero, en mi experiencia, y a menudo en la de mis clientes, alrededor de dos o tres años después, comienzan a verse las "gotas de lluvia": las pequeñas victorias que te muestran que vas por el camino correcto.

Y para el quinto año, ya has recorrido una distancia casi insuperable entre y tú y tu competencia. Cuando los clientes potenciales escriben un término en un motor de búsqueda, son tus artículos los que primero salen a la vista. Cuando escuchan un podcast sobre tu área de especialización, eres tú el invitado. Y cuando quieren contratar un conferencista o un colaborador de alto nivel o un consultor experto para que los asesore, tú eres la única elección lógica.

CRECIMIENTO EXPONENCIAL

Como humanos, nuestra mente es excelente para comprender el crecimiento lineal: $1 + 1 = 2$.

Sin embargo, por lo general, nos cuesta mucho más comprender todas las implicaciones del crecimiento exponencial, como en la famosa historia del rey que aceptó las condiciones de pago de un inventor: un grano de arroz en el primer cuadrado de un tablero de ajedrez, dos en el segundo, cuatro en el tercero y así sucesivamente. Sonaba bastante modesto al principio. Sin embargo, para cuando el rey llegó a la casilla #64 y última del tablero, debía más de 18 quintillones de granos[2].

En su libro *Bold*, Peter Diamandis y Steven Kotler explican sobre lo que ellos llaman "tecnologías exponenciales" —innovaciones como autos sin conductor, impresiones en 3D o inteligencia artificial—. Por un largo tiempo, a veces, por décadas enteras, la gente descarta las tecnologías exponenciales, argumentando que están sobrevaloradas y son ineficaces. Pero luego, después de avanzar hasta la mitad del tablero de ajedrez, estas aparecen de repente en la conciencia pública y sorprenden a todos. Entonces, la gente se pregunta: *¿De dónde salió todo esto? ¿Cómo pasó?* La respuesta es que ha estado ahí todo el tiempo, creciendo y desarrollándose. Fue solo que su progreso inicial, a pesar de que era exponencial, comenzó siendo demasiado pequeño para que el ojo lo percibiera de buenas a primeras.

Diamandis y Kotler llaman a esta la "fase de engaño" del crecimiento exponencial:

> Esto sucede, porque la duplicación de números pequeños a menudo produce resultados tan minúsculos que tienden a ser confundidos con el progreso del crecimiento lineal. Imagínate la primera cámara digital de Kodak con 0,01 megapíxeles que se duplica a 0,02, 0,02 a 0,04, 0,04 a 0,08. Para el observador casual, todos estos números le parecen cero. Sin embargo, significan un gran cambio en el horizonte. Una vez estas duplicaciones rompen la barrera de los números enteros (se convierten 1, 2, 4, 8, etc.), están a solo 20 duplicaciones de una mejora millonaria y solo a 30 duplicaciones de distancia de ser 1.000 millones de veces mejores. Es en esta etapa que el crecimiento exponencial, inicialmente engañoso, comienza a tornarse visiblemente disruptivo[3].

Esto tiene sentido en el mundo de la tecnología, pero es igualmente cierto en el mundo de los negocios. Como Derek Sivers, el emprendedor musical de la famosa frase *"hell yeah or no"*, describió en una entrevista de podcast, su empresa "realmente no despegó durante cuatro años. Muy a menudo, conozco personas que comienzan con la idea de realizar sus sueños y, después de trabajar solo unos meses en ellos, dicen: '¡Esto, simplemente, no va bien!'. En cambio, yo decía: 'Han sido solo unos ¡pocos meses! ¡Vamos! ¡Sigamos intentándolo!'. Cuando tenía tres años en CD Baby, solo otro chico y yo trabajábamos en mi casa"[4]. Al décimo año, había vendido la empresa en $22 millones de dólares[5].

Y resulta que no solo la tecnología y los negocios son tan exponenciales, sino que este crecimiento se aplica también a la vida. Como el maestro de Aikido George Leonard señala: "En un mundo que busca resultados rápidos, el crecimiento exponencial parece ser radical, pero, para aprender algo significativo, para hacer un cambio duradero en ti mismo, debes estar dispuesto a dedicar la *mayor* parte de tu tiempo a lograrlo hasta llegar a la meseta y seguir practicándolo incluso cuando te parezca que no estás obteniendo ningún resultado"[6].

Digámoslo de nuevo: la mayor parte de la vida se nos pasa en la fase de engaño. Y no son solo los otros los que se dejan engañar por las apariencias externas, cuestionando nuestro enfoque o nuestra competencia. También nosotros nos engañamos a nosotros mismos. Miramos la falta de resultados, a veces, durante años y, como es apenas natural, nos preguntamos si somos lo suficientemente buenos o si tenemos lo que se necesita para lograr lo que añoramos. Practicar el juego largo significa ser lo suficientemente paciente como para vencer las dudas que tenemos de nosotrosmismos y perseverar hasta alcanzar nuestro objetivo.

Pero, ¿cómo, hacemos eso, exactamente?

CUANDO LA SITUACIÓN PARECE SOMBRÍA

Avanzar, a pesar del rechazo o de no obtener respuesta alguna, es mucho más fácil decirlo que hacerlo. Por eso, es fundamental hacernos tres preguntas clave que nos ayudan a mantener el rumbo:

- ¿Por qué estoy haciendo esto?
- ¿Cómo les ha funcionado a otros?
- ¿Qué dicen mis asesores de confianza?

Profundicemos en cada una de ellas.

¿POR QUÉ ESTOY HACIENDO ESTO?

Es fácil quedar atrapado en las métricas incorrectas, de modo que es esencial que tengas claros cuáles son tus principios básicos. "Necesitas escribir: 'Esto es lo que valoro, esto es lo que sé que es verdad, esta es la persona que yo quiero ser en el mundo'", dice Ron Carucci.

Tener claro esto te ayuda a evitar la falsa tentación de medirte a ti mismo en comparación con los demás. Como dice Ron: "Debes mantener tus valores frente a ti en todo momento, de modo que, cuando se te active una de esas métricas de vanidad equivocadas o tu sentido de bienestar este ansioso o cuando sientas que estás sobre una base desigual con respecto a otros o pienses algo como 'Esta publicación no fue bien recibida' o 'No me contrataron para dictar esa conferencia' o 'Ese cliente eligió a otra persona' o 'A mi jefe no le gustó mi idea', estés listo para afrontar ese momento como debe ser".

Tus valores te mantienen fortalecido —y eso es algo que Ron mantuvo en mente cuando finalmente escribió su libro—. Porque, al final, consiguió un contrato con una editorial importante y tuvo la oportunidad de trabajar con un editor con quien a él le encanta trabajar. Ron se reenfocó en sus principios: quería escribir su libro, porque sentía que tenía algo importante que decir sobre la ética en el trabajo y cómo hacer que el mundo de los negocios sea un mejor campo de acción. "Estoy aprendiendo a disfrutar de este momento y del privilegio que tengo de haberlo propiciado".

Cuando te concentras en cómo ayudarles a los demás con tus ideas, y en quién quieres ser en el mundo, eres mucho más capaz de mantener las cosas en la perspectiva correcta.

¿CÓMO LES HA FUNCIONADO A OTROS?

¿Sabes a *ciencia cierta* lo que se necesita para tener éxito?

La mayoría de nosotros no lo sabe. Y, como resultado, a veces nuestras expectativas pueden estar fuera de lugar. Trabajando con los cientos de profesionales en mi comunidad de Recognized Experts, he notado una tendencia común: que la mayoría quiere revisar su estrategia con demasiada frecuencia. (Yo también solía ser culpable de esto). No ven resultados tan rápido como quisieran, de modo que se sienten inquietos y quieren cambiar de enfoque. *¿Debería iniciar un podcast? ¡Quizá, debería estar blogueando! ¿Qué me está haciendo falta? ¿Qué más debería estar haciendo?*

Este tipo de cambios lo único que genera es inestabilidad y un escenario en el que nunca vas a ver resultados, porque no le estás dando el tiempo suficiente a lo que estás haciendo. Más bien, lo que necesitas hacer en ese caso son dos cosas que parecen bastante simples, pero que te mantienen lo suficientemente disciplinado en lo que estás trabajando y en las estrategias que estás aplicando para conseguir tu objetivo.

La primera es identificar modelos a seguir que ya hayan logrado todo o parte de lo que te gustaría lograr. El objetivo no es solo que te quedes boquiabierto o admirando los resultados que otros ya alcanzaron, sino que además estudies al detalle cómo fue su recorrido para que puedas comprender con la mayor exactitud posible lo que ellos hicieron en su camino hacia el éxito y evaluar si esos mismos pasos son adecuados para ti. La segunda cosa que debes hacer es tener una comprensión clara de tu cronograma, de tal modo que sepas de manera realista cuánto tiempo deberás tomarte para empezar a ver resultados.

Ese es el enfoque que adoptó David Burkus —conferencista y autor de libros que incluyen *The Myth of Creativity* y *Friend of a Friend*—. En una ocasión, Burkus entrevistó en su podcast al conocido pensador empresarial Daniel Pink. Después del show, estaban charlando y David le mencionó a Pink sobre su frustración, porque su carrera no avanzaba tan rápido como le gustaría. Cuenta David que Pink "hizo una pausa bastante larga y luego le dijo: 'Bueno, tienes que recordar que has estado haciendo esto durante tres años, en cambio, yo llevo haciéndolo desde hace 20. Así que es muy probable que todo lo que yo te diga no te funcione a ti, pues lo que en realidad necesitas es darte más tiempo'".

La respuesta de Pink pareció frustrante en ese momento. David estaba buscando tácticas que implementar. "Pero luego, te detienes, lo piensas cada vez más y más y terminas encontrando la sabiduría de esas palabras", dice David. "Creo que tienes que luchar al mismo tiempo con la gratitud que sientes por lo que has logrado conseguir a este punto y con la frustración de no haber logrado llegar todavía más lejos. No conozco a un solo triunfador que no experimente esa tensión constante".

Así que David encontró su propia forma de pensar sobre el camino recorrido hasta aquí: "Yo no me avergüenzo de referirme jovialmente a mí mismo como el *próximo* Daniel Pink. Digo eso en parte como una broma, en parte para posicionar mi escritura en la mente de las personas con respecto a alguien con quien ellas ya están más familiarizadas y en parte para recordarme a mí mismo que lo que quiero lograr va a tomar 20 años. También me recuerdo a mí mismo que, aunque todavía no tengo los resultados que Dan Pink tiene en 2020, ya tengo los resultados que él obtuvo en 2001".

La comparación no es, en sí misma, una práctica dañina. Ver lo que otros han hecho puede ser una forma de inspirarnos o de generarnos nuevas ideas. Pero nuestras comparaciones deben ser realistas. No podemos darle un vistazo superficial a la biografía de una persona exitosa y asumir que a ella las cosas le salieron rápido o fácil. Cuando nos damos cuenta, como lo hizo David, de que nuestros héroes tienen una ventaja de años o décadas sobre nuestra propia experiencia, es mucho más fácil ser gentiles con nosotros mismos y recordar que la paciencia estratégica y el trabajo duro finalmente dan sus frutos. Como dice David: "La impaciencia no es necesariamente mala si te motiva a trabajar. Es mala solo si te sirve para decirte a ti mismo que estás fallando".

¿QUÉ DICEN MIS ASESORES DE CONFIANZA?

Cuando las cosas no nos están funcionando, es fácil desanimarnos y entrar en un túnel oscuro. Cada revés nos parece un juicio permanente o un hecho ineludible. Suele ser difícil, y a veces hasta imposible, volver a salir a la luz. Por eso, necesitamos un grupo de asesores de confianza a nuestro alrededor. Idealmente, son personas que han hecho esas mismas cosas que esperamos alcanzar o que tienen el conocimiento suficiente del proceso que debemos seguir y, por lo tanto, nos puedan guiar. Todos necesitamos buenos porristas a nuestro alrededor, como parientes y amigos que piensen que somos geniales en lo que hacemos sin importar qué. Pero también queremos tener un círculo de personas con conceptos profesionales en los cuales confiar; gente que tenga el criterio necesario para decirnos: "Esta idea vale la pena" o "Quizá, sea hora de que sigas adelante".

Crear y compartir nuevas ideas suele ser un proceso complicado. Algunas serán bien recibidas, mientras que otras serán ignoradas o vilipendiadas. Al autor Seth Godin le agrada decir sobre los nuevos emprendimientos: "Esto podría no funcionar". Eso puede parecer muy arriesgado, tanto para nuestras emociones como para nuestro sentido de competencia profesional. Es por eso que necesitas un grupo sabio de consejeros.

Como dice Ron Carucci: "Tienes que tener una comunidad a tu alrededor. Tienes que tener gente que te diga quién eres cuando lo pierdes de vista". Tus asesores de confianza te ayudarán a evaluar si estás persiguiendo los objetivos correctos, si tu estrategia para lograrlos parece o no prometedora y si tu cronograma es realista o no —todas esas cosas que, en el momento, nos son increíblemente difíciles de juzgar por nuestra propia cuenta.

Lo que necesitamos es la capacidad de pivotar y reinventarnos cuando sea necesario. Pero cambiar de rumbo significa pensar mucho en qué es, exactamente, lo que significa fallar.

Recuerda:

- A menudo, para llamar la atención en tu campo de acción, se necesitan de dos a tres años de esfuerzo antes de ver los resultados. Solo hasta entonces, empezarás a ver "gotas de lluvia", pequeños signos intermitentes de progreso.

- Para convertirte en un experto verdaderamente reconocido, necesitarás, por lo menos, cinco años de esfuerzo constante.

- Cuando las cosas parezcan sombrías, vuelve a conectarte con tu propósito y tu estrategia, preguntándote a ti mismo:

¿Por qué estoy haciendo esto?

¿Cómo les ha funcionado a otros?

¿Qué dicen mis asesores de confianza?

Capítulo 9
REEVALUANDO EL FRACASO

Es fácil decir: "¡Intenta cosas nuevas!" O "¡Toma riesgos!". Sin embargo, la realidad es que a todos nos gustaría tener éxito todo el tiempo. Sería absurdo decir que el fracaso no duele.

En 2019, decidí que era hora de establecer algunos objetivos para mi vida que fueran lo suficientemente retadores:

Ser coautora de un libro con un escritor famoso, potencializando así mi perfil.

- Negociar los derechos de mi película favorita y convertirla en un musical como parte de BMI Workshop.

- Publicar una columna en uno de los medios de comunicación más destacados del mundo.

- Dictar una conferencia de alto perfil en alguna industria en particular.

- Figurar en la lista Thinkers50 de los mejores pensadores empresariales del mundo.

Ninguno de ellos era un espejismo, ni los elegí como por poner en práctica el ejercicio de recortar imágenes de revistas y periódicos para luego hacer un collage con ellas y pegarlo en el que sería mi tablero de propósitos para el año siguiente. Todos estos eran objetivos ambiciosos, pero muy plausibles, si hacía el esfuerzo de cumplirlos. Así que me puse manos a la obra.

EN CUANTO AL LIBRO

Me reuní con el famoso autor con quien quería trabajar y a él le encantó mi idea de que hiciéramos un proyecto conjunto. Así las cosas, me correspondió hacer el trabajo de campo y toda la parte de escritura, lo cual yo esperaba hacer, de todos modos. Una vez ambos estuvimos de acuerdo en comenzar a trabajar, pasé varios meses diseñando la que sería mi propuesta del libro. Nos volvimos a encontrar y yo me enfoqué en anotar todos sus comentarios y planteamientos, de tal modo que pudiera empezar a hacer las revisiones del manuscrito para luego centrarme en trabajar en la escritura del que sería nuestro capítulo de muestra. "Estará listo en marzo", le dije, "así que, si te parece bien, podremos empezar a ofrecérselo a las editoriales". Cuando llegó marzo y el capítulo de muestra estaba listo, algo no pareció estar del todo bien.

"¡Esto es realmente bueno!", me dijo él con mucho entusiasmo. Pero ocurrió que, mientras yo estuve trabajando en el proyecto, él recibió una oferta que no pudo rechazar —un anticipo de *$1 millón de dólares* para escribir otro libro—. Era apenas obvio que nuestro proyecto, de un alcance mucho más modesto, nunca llegaría a esa cantidad de dinero. No podía culparlo —¡Por supuesto que él debía aceptar el millón de dólares!

La cuestión era que, para mí, no tenía mucho sentido hacer este proyecto sin él. De modo que cientos de horas de mi vida se esfumaron.

CON RESPECTO AL MUSICAL

Crecí en una pequeña ciudad de Carolina del Norte, antes de la invención del internet, de modo que en mi época no había muchas ventanas al mundo exterior, así que veía televisión y las películas taquilleras que llegaran a nuestro teatro local. Pero, por lo general, se trataba de un tipo de entretenimiento apto para el mínimo común denominador de la población —parodias con temas de la vida disfrazadas de realidad.

Entonces, cuando me convertí en una joven adolescente, descubrí el cine independiente —muy de vez en cuando, alguna película de ese estilo llegaba a nuestra tienda de videos local— y quedé cautivada. Cierta película se quedó en mi mente durante años: se trataba de una pequeña y conmovedora historia sobre un grupo de amigos, cuya producción costó tan solo $210.000 dólares.

Recuerdo que, en el momento en que entré al taller de teatro musical de BMI y vi que nuestro proyecto de segundo año sería hacer la adaptación de una obra de arte —como una novela o una película— convirtiéndola en un musical, pensé: *esta es mi oportunidad*. El director de aquella película, quien hoy en día tiene casi 70 años, no era fácil de localizar. Ni siquiera tenía un sitio web. Pero, en una labor detectivesca, logré encontrar su dirección de correo electrónico y le escribí una nota, deseando que me contestara. Dos semanas después, apareció su respuesta en mi bandeja de entrada: "El lunes estaré en la Costa Este de EE. UU. Espero que tengas un momento disponible para que hablemos", me decía.

En efecto, tuvimos una reunión a la cual también asistió mi compañero de composición musical. Milagrosamente, logramos un acuerdo. Y no solo eso, sino que, en lugar de solo otorgarnos la licencia para trabajar en su película, nos manifestó que él también quería colaborar, así que yo tendría la oportunidad de trabajar hombro a hombro con uno de mis ídolos. Hasta nos tomamos una selfi para celebrar.

Ponernos en contacto a medida que avanzaba el proyecto no fue nada fácil, ya que él estaba filmando en Sudamérica y Francia. Mi socio compositor y yo habíamos pasado horas trazando un plan para hacer que la trama de la película funcionara como un musical —seleccionando canciones, posibles ganchos de venta y otras estrategias—. Lo cierto es que, cuando por fin logramos hablar por teléfono con él, resultó que estaba de vacaciones en la zona rural de Maine, donde la comunicación por celular era un desastre, así que no lograba escuchar lo que le decíamos y le repetíamos sin cesar, a tal punto que terminamos dándonos por vencidos.

Aquella llamada tan entrecortada no aclaró mayor cosa de todo lo que teníamos por preguntarle. Pero una cosa que sí fue clara, y escuchamos en voz alta de su parte, fue su consternación por nuestra sugerencia de fusionar dos personajes en uno. En un musical, solo puede haber una cierta cantidad de personajes y su elenco era bastante amplio. Y, por lo visto, sacrosanto.

Después de esa llamada, él se mantuvo en silencio. Yo tenía que hacerle seguimiento varias veces con respecto a cada correo electrónico que le enviaba. El problema era que, si íbamos a cumplir con los plazos de nuestro programa, mi compañero de composición musical y yo teníamos que seguir adelante con nuestra labor. Entonces, empezamos a escribir la música y a dedicarle más horas al proyecto.

Un mes después, al fin se manifestó: "Felicitaciones por esta hermosa melodía temática: es fenomenal y da la nota correcta", me escribió. El hecho fue que, después de todo lo que hicimos, todo indicaba que hacer un musical tampoco estaba dentro de las metas en las que debía enfocarme. Según me escribió, "me parece mucho más adecuado que mi película sea una obra de teatro y no un musical. Lo lamento".

En pocas palabras, la oportunidad de trabajar con mi héroe cinematográfico tampoco se convirtió en realidad.

CON RESPECTO A PUBLICAR UNA COLUMNA

He amado los periódicos toda mi vida. Uno de los recuerdos más tiernos de mi infancia proviene de aquellos días en que mi madre hacía sus compras después de recogerme de la escuela. Me dejaba en la tienda de sándwiches que había en el centro comercial, donde yo pedía un refresco y un sándwich de albóndigas y me sentaba a leer el periódico con gran satisfacción hasta que ella llegaba a recogerme.

Mi primer trabajo después de graduarme fue como reportera de *Boston Phoenix*, un semanario alternativo de corte histórico que lanzó al estrellato algunas carreras de superestrellas como la de la escritora de *New Yorker*, Susan Orlean; del excolumnista de la revista *Time* y autor de *Primary Colors*, Joe Klein; y del exasesor principal de la administración Clinton, Sidney Blumenthal. A pesar de haber sido despedida de ese trabajo en 2001 —mi primer indicio del desastre que vendría para la industria[1]—, mantuve mi admiración por los periódicos. Entonces, en octubre de 2018, cuando recibí una llamada de un colega que desde agosto estaba trabajando como reportero de un periódico, me sentí escéptica. Resultó que allí estaban planeando una nueva columna de negocios, de modo que su pregunta fue: "¿Estarías interesada en escribirla?".

De camino a una cena en Durham, Carolina del Norte, donde yo estaba dictando clases en la Universidad de Duke, traté de estar tranquila a medida que avanzaba en el tráfico. *¿Qué tipo de muestras necesitarán? ¿Cuál será la fecha límite para entregar la columna?* El caso es que, durante los días posteriores, lo único en lo que pude pensar fue en qué hacer para vencer a mis desconocidos competidores. Escribiría la columna más inteligente, divertida e incisiva de todos los tiempos.

Según mi agenda, al siguiente fin de semana asistiría a una boda. Entonces, todavía haciéndole los toques finales a mi prosa, le entregué mi computadora portátil a mi amiga de entonces, mientras ella se vestía, implorándole que leyera mi escrito y lo revisara unas dos veces. Tenía que estar perfecto.

Aun así, unas semanas más tarde, mi amigo me contactó para darme malas noticias. "De nuevo, gracias por este gran escrito y por todo el trabajo duro que hiciste", me escribió. "A los editores aquí les gustó mucho tu trabajo, pero ellos decidieron ir en una dirección diferente, al menos por ahora". Sin embargo, me dio una pizca de esperanza: "Tu nombre salió muchas veces en nuestra reunión y esperamos volver a contactarte en el futuro, dependiendo de cómo evoluciones este proyecto".

¿Me estaban descartando de la manera más cordial y fácil posible y solo estaban siendo amables? ¿O era en serio lo que me estaban diciendo?

Unos seis meses después, le envié a mi amigo una nota con el fin de saber cómo iban las cosas y él me respondió, diciéndome que volviera a contactarlo en el verano, así que lo hice. Él dijo que estaría en contacto, pero no lo estuvo. Así que decidí contactarlo una y otra vez (ya sabes, con el fin de mantener mi mensaje en la parte superior de su bandeja de entrada), dejando pasar un par de semanas entre uno y otro mensaje. No quería desperdiciar esa oportunidad.

Al final, me había pasado un año en ese intento. El editor me invitó a que le enviara otra columna de muestra, así que lo hice. Esta vez, le escribí un artículo de casi 4.000 palabras y su respuesta fue que le pareció muy bueno. Sin embargo, después de pensarlo un poco más, decidió que todavía no le gustaba lo que veía.

"Hola, Dorie", escribió el editor. "Quería que supieras que hemos decidido elegir a otro candidato. Pienso que el tono de tu columna es bastante recio… pero busco uno que sea mucho más irreverente".

¡Bueno! ¿Habría otra oportunidad a la vista? ¿Otra manera en que ellos podrían hacer buen uso de mi talento para escribir?

"Gracias de nuevo, por participar", me respondió. "Espero que nos sigas leyendo".

Aparentemente, ¡no!

CON RESPECTO A LA CONFERENCIA DE ALTO PERFIL

Seis meses antes del rechazo final del periódico, presenté una aplicación en formato de video para postularme como conferencista participante en uno de los principales eventos de la industria. Con el paso de los años, había estado construyendo un sólido negocio como conferencista y mi reputación en el campo estaba siendo muy bien reconocida y remunerada. Pero esta conferencia representaba una meta muy importante para mí. No era remunerada, pero generaba gran visibilidad y yo quería tenerla.

El sitio web no había sido claro sobre el cronograma en cuanto a lo que tardaría el proceso de selección y la toma de decisiones, así que traté de ser paciente. Por eso, cuando un colega que también había aplicado fue rechazado, me sentí animada —no porque lo hubieran rechazado, sino porque vi en ello una señal de que mi solicitud todavía estaba en juego y que lo más probable sería que muy pronto me aceptaran—. Pero los meses pasaron. El sitio web empezó a dar a conocer a los conferencistas elegidos, aunque no a todos, sino a unos pocos a la vez, anunciando que estarían confirmando otras solicitudes en una fecha futura, aunque no especificada. Yo conocía a alguien que formaba parte del comité de selección. Sin embargo, él no pudo decirme nada oficial, pero, de manera *extraoficial*, me dijo que les había gustado mi video y que todavía estaban decidiendo si me llamaban o no.

Se avecinaba la fecha de la conferencia. *¿Debería comprar mi boleto de vuelo?* De todos modos, yo quería asistir, pero comprarlo resultaría una inversión inútil si era aceptada como conferencista. ¿Afectaría el proceso si esperaba con el anhelo de recibir una invitación inminente? Finalmente, me decidí y compré mi boleto.

Solo unas semanas antes de la conferencia, salió publicado el anunció con la selección final de los últimos conferencistas que participarían en el evento y yo no estaba en la lista. Ni siquiera se molestaron en responder a mi aplicación. Poco después, salí a cenar con unos amigos. "¿En algún momento, han tenido ustedes la sensación de que hay veces en que nada les funciona?", les pregunté.

CON RESPECTO A FIGURAR EN LA LISTA

En ese momento del año, ya era noviembre. Cuatro de los cinco principales objetivos que tenía para 2019 habían fracasado de manera clara y contundente. Había elegido deliberadamente apuntarle a trabajar en objetivos bastante retadores, de modo que sabía que lo más probable sería que no todos saldrían bien. Pero, al menos, cumpliría *algunos*... ¿verdad? Pues, la verdad, ya estaba comenzando a perder las esperanzas.

Ya había comprado mi boleto de avión con destino a Londres para asistir a Thinkers50, el cónclave bienal de los principales conferencistas empresariales del mundo —al que Nihar Chhaya asistió y sobre el cual les cuento que él escribió en *Forbes*—. Ya antes, yo había hecho parte del grupo de los "pensadores en periodo de observación" de Thinkers50, pero ese hecho no siempre se traduce en entrar y hacer parte de la tan codiciada lista en la cual figuran gigantes en el campo de los negocios, como W. Chan Kim y Renée Mauborgne, cuyo famoso libro, *Blue Ocean Strategy*, ha vendido cuatro millones de copias. El hecho es que, en una fría noche de lunes, me encontraba en un salón de banquetes estilo caverna, en medio de un mar de gente vestida de esmoquin y trajes de baile a mi alrededor. Llegó el momento en que comenzó el programa de la noche y una lista de nombres apareció en la pantalla.

El mío se encontraba entre ellos. Esa noche, seis semanas antes de fin de año, fui elegida entre el grupo de los 50 mejores pensadores empresariales del mundo.

Se necesitaron 11 años y 3 libros para lograrlo. También se necesitaron 4 metas frustradas durante ese mismo año, además de recibir permanentes rechazos. Pero sucedió.

A veces, algunas de nuestras apuestas dan resultado y otras no. Sin embargo, es necesario que, de todos modos, intentemos cristalizarlas. El éxito consiste en ser excelente en lo que hagas. Pero, es inevitable que exista un elemento subjetivo. Al editor le pareció que mi estilo de escritura era retador, pero, simplemente, no era lo que él estaba buscando.

Todo esto indica que tienes que ser excelente al máximo y persistir en ello. Porque, a corto plazo, quizá seas rechazado por un millón de razones que no tengan nada que ver contigo. Sin embargo, a largo plazo, las estadísticas están de tu lado: el éxito llega cuando haces los suficientes intentos para alcanzarlo.

Pero, en medio del fracaso y los reveses, y del sentimiento de que a lo mejor las cosas nunca te funcionen y te quedes derrotado para siempre, ¿cómo hacer para seguir avanzando?

LA ESTRATEGIA DE SILICON VALLEY

El emprendedor y profesor de Stanford Steve Blank vio lo que estaba sucediendo a su alrededor en Silicon Valley. Empresarios ansiosos, expertos en la financiación de capital de riesgo, estaban contratando equipos de máxima calidad con cuya asesoría invertían inmensas sumas de dinero. Pero muchos de ellos descubrieron que sus asombrosos planes, elaborados en los sótanos y garajes de las tradicionales empresas *startups*, no resultaban ser tan buenos una vez que llegaban al mercado. No es que los productos no funcionaran. Funcionaban... ¡a la perfección!

El problema era que, al principio, nadie parecía quererlos. Sus creadores operaban en el vacío, dedicando su tiempo a hacer algo perfecto incluso desde antes de validar que ese algo fuera a ciencia cierta a lo que ellos deberían dedicarle su tiempo. El antídoto, según Blank se dio cuenta, era estar haciendo pequeñas apuestas: creando un "producto con un mínimo de viabilidad" que no fuera muy refinado, ni impresionante, pero que mostrara lo que ellos estaban tratando de hacer.

Si los clientes se mostraban interesados —si estaban dispuestos a descargarlo o a usarlo o incluso a pagar por él—, esa era una evidencia de que algo había allí que valía la pena y entonces ellos podrían comenzar a dedicarle su tiempo con total certeza, a sabiendas que se justificaba mejorar su propuesta. ¿Pero si a nadie le interesaba? En ese caso, lo mejor era comenzar un nuevo proyecto, así ellos no perdían ni su tiempo, ni su dinero, ni su energía en algo que no habría de funcionar. Todos estos conceptos de Blank, popularizados en un libro de Eric Ries publicado en 2011, fueron dados a conocer finalmente como la metodología sobre la cual se basan las empresas *startups*.

Esta sencilla filosofía —probar antes de invertir por completo— llevó a Silicon Valley a enfrentar muchas tormentas y a que, en medio de ellas, los procesos allí fueran mucho más eficientes. Pero resulta que esta filosofía también es aplicable en nuestra propia vida.

Con demasiada frecuencia, los profesionales inteligentes dudan en presentarle su "proyecto" —ya sea un artículo, un nuevo sitio web, una charla, una idea— al mundo. "Todavía no está listo", dicen. "Todavía estoy haciendo algunos ajustes" o "Necesita un poco más de tiempo". Todo eso está bien, hasta cierto punto; nadie quiere lanzar "algo" al mundo que sea tan absurdo o tan áspero que resulte incomprensible para los demás. Pero, después de un tiempo, este tipo de pensamiento se convierte en una excusa que terminará frenándote.

La lección que podemos aprender de Silicon Valley y de la metodología en la que se basan las startups es que, durante los primeros días, debemos tratar todo como un experimento. El fracaso nos molesta a muchos de nosotros, porque implica finiquitar: trataste de lograr algo y ese algo no ocurrió. Pero un experimento, sobre el cual tienes claridad desde el principio que tendrá un resultado incierto, difícilmente, se puede llamar fracaso. Tú sabes que se necesitarán varios intentos para obtener el resultado que deseas y, por lo tanto, establecerás tus expectativas con una mentalidad más abierta a los resultados que obtengas, sean estos cuales sean. Como dijo Thomas Edison, "estarás encontrando 999 formas de cómo no inventar la bombilla". No habrás fallado —habrás obtenido datos que te ayudarán a refinar cada vez más tu enfoque hasta alcanzar en el futuro el éxito que quieres lograr.

MÚLTIPLES CAMINOS

Actuar, dice Dayna Del Val, "era todo lo que yo siempre había querido hacer". Habiendo crecido en un pequeño pueblo de Dakota del Norte, "participé en mi primera obra cuando tenía seis años y nunca, nunca más volví a actuar". Después de finalizar una carrera universitaria de teatro que cautivó a su facultad, Dayna se fue al día después de la graduación para Utah, en donde haría unas presentaciones durante el verano, junto con su mejor amiga. Después, se irían a Los Ángeles y comenzaría su carrera profesional en Hollywood. Todo iba según el plan hasta que, una semana después, Dayna se enteró que estaba embarazada.

"Nada tan devastador había sucedido en mi vida", recuerda ella. "No había forma de que fuera madre soltera y me mudara a Los Ángeles. Todo lo que pensé que quería, todo por lo cual había trabajado, se esfumó de un momento a otro".

A veces, incluso nuestros sueños más preciados se truncan. Entonces, ¿qué hacer en ese caso?

Cuando su hijo estaba en quinto grado, Dayna pensó en tomar un año sabático de su trabajo como docente y mudarse a Los Ángeles, solo para probar suerte. Entonces, visitó las escuelas de Los Ángeles y vio que estas tenían fondos insuficientes y estaban sobrepobladas. "Sentí que era muy injusto pretender que mi hijo sacrificara su única infancia para que yo pudiera cumplir mi sueño". Luego, fue aún más allá en su análisis: "Pensé, 'Ok, digamos que mi sueño se realiza. Supongamos que me contratan para hacer un papel en Hollywood y tengo que estar en el set a las 4:00 a.m. ¿Quién cuidaría a mi hijo de 9 años a las 4 a.m.? Yo no conozco a nadie en Los Ángeles. No podría hacer que esto funcionara'. Así que decidí no mudarme a California y regresé a casa".

Su sueño, al parecer, estaba muerto. Después de todo, la frontera entre Dakota del Norte y Minnesota no queda exactamente al Este de Hollywood. Pero una parte de ella se preguntaba: "¿Habrá alguna manera de canalizar mi capacidad creativa?".

Resultó que la había. Dayna empezó a buscar oportunidades y se postuló para hacer audiciones en distintas partes de Minneapolis —y consiguió varias—. Hizo trabajo de locución para media docena de bancos locales y en un sistema hospitalario importante. Con el tiempo, consiguió un papel que la llevó a convertirse en "la cara de Dakota del Norte", mediante su participación en la campaña de turismo del Estado. "Algunas veces, estaba atravesando los puentes de Valley City en bicicleta", recuerda ella. "Otras veces, me iba de excursión por las tierras baldías de Medora o de compras a Fargo. Además, como por siete años seguidos, estuve en las portadas de revistas de caza y de guías de pesca. Créeme, yo no cazo, ni pesco. Es por eso que se llama actuar".

La visibilidad de Dayna como actriz la llevó a recibir una propuesta inesperada: una oferta de trabajo. The Arts Partnership era una pequeña organización sin fines de lucro que abogaba por 150 empresas y organizaciones sin fines de lucro relacionadas con las artes, cerca de Dakota del Norte y de la frontera con Minnesota. ¿Le gustaría a Dayna recibir esa oferta de empleo? Durante la siguiente década, Dayna se desempeñó como su directora ejecutiva, dirigiendo la recaudación de fondos y el departamento de comunicación y promoción, y la defensa de las artes en la región. "En 10 años, cuadrupliqué el presupuesto", comenta ella.

Al final, Dayna nunca llegó a Los Ángeles —aunque, como suele suceder, su hijo, ahora veinteañero, vive allí (es ingeniero, no actor). Pero la experiencia de Dayna ilustra otro importante principio a la hora de perseverar en medio de los contratiempos: tenemos que darnos cuenta de que existen múltiples caminos que nos conducen hacia nuestras metas. Ella no "fracasó", porque no se convirtió en la siguiente Meryl Streep, sino que encontró su propia manera de convertirse en actriz y mejorar las artes en beneficio de toda una comunidad. "Tuve una carrera mucho más amplia que la de muchos de mis amigos que se mudaron a Nueva York y a Los Ángeles", dice. Ellos pasaron años soportando el rechazo con mucha frecuencia, sin nunca llegar a hacer el trabajo que amaban, mientras Dayna prosperaba en el ecosistema creativo local.

Si Hollywood la llamara hoy en día, dice Dayna, por supuesto que iría. Pero ella no se quedó a la espera de que eso ocurriera, sino que se dedicó a construir un estilo de vida que ella ama. Comenzó a impartir una cátedra sobre el emprendimiento en el campo del entretenimiento en su alma mater, Minnesota State University Moorhead. Además, está trabajando en un guion y explorando formas de compartir sus ideas a través de conferencias y escribiendo. "Después de la pandemia, ¿a quién le importa dónde estás ubicado hoy? Tú y yo podríamos estar en la puerta de al lado o podríamos estar en Nueva York y Fargo, y no importa", afirma Dayna.

A lo mejor, tu plan original no funcione. Hay ocasiones en que no importa qué tan brillante o calificado seas, pues puede ocurrir que la vida se interponga en tu camino o que no salgas elegido en lo que sea que te postulaste. Tal vez, deseabas con todas tus fuerzas tener un trabajo en Apple, pero no lo lograste. Sin embargo, si dejas que ese rechazo te bloquee permanentemente, entonces sí, ese sí es un "fracaso".

También podría ocurrir que esa experiencia se convierta en una palanca que te impulse a buscar más oportunidades. Tal vez, consigas trabajo con uno de los grandes competidores tecnológicos —o incluso en una empresa *startup* cuyo diseño avanzado la lleve a convertirse en la *próxima* Apple—. Quizá, comiences un proyecto de investigación enfocado en comprender mejor la metodología de Apple, el cual podría convertirse en un artículo o en un libro o en una tesis de posgrado.

Lo cierto es que, cuando te mides a ti mismo con base en factores externos que están fuera de tu control, como la decisión de una persona al azar con respecto a si contratarte o no, puede llegar a ser devastador aceptar que te quedaste corto. Pero, si te preparas mejor hasta obtener el resultado que deseas, no solo estás recuperando tu capacidad de éxito, sino que también te estás obligando a pensar de formas más creativas.

Como muestra la experiencia de Dayna, hay varias formas de llegar a tu meta.

BUSCA ALTERNATIVAS

Hace unos años, les presenté una idea a los integrantes de mi recién creada comunidad, Recognized Experts: ¿Estarían ellos interesados en conformar un grupo de Mentes Maestras? Popularizados por Napoleón Hill en las décadas de 1920 y 1930, estos son grupos pequeños de personas que se reúnen con regularidad para hablar sobre los desafíos y las oportunidades que surgen en sus campos de acción, así como para recibir los consejos de colegas que ya han enfrentado este mismo tipo de situaciones a lo largo del tiempo. Me encantó el concepto de conformar y dirigir un grupo, puesto que juntos podríamos ayudarnos a incrementar nuestro nivel de éxito, cada uno en su área de trabajo.

Pero, ¿estaría alguien interesado en esto como un programa por el cual habría que pagar? Solo había una forma de averiguarlo. Les envié un mensaje a todos los miembros de mi comunidad y esperé a ver qué pasaba. Cuatro de ellos respondieron y me expresaron su interés: ¡no está mal para haber enviado un solo correo electrónico!

Sin embargo, uno de los desafíos de un grupo de Mentes Maestras es asegurarte de tener la combinación adecuada de personas. A diferencia de muchos cursos en línea, donde las personas consumen información por su propia cuenta —o incluso en aulas de clase y de forma presencial en las cuales el profesor es el principal atractivo y la posibilidad de entablar debates es mínima—, los inscritos a cada grupo dependen de manera crucial del nivel de interacción que vaya a haber entre los participantes. Por eso, no es aconsejable tener en el mismo grupo a un emprendedor que tiene una empresa de un millón de dólares y a otro que acaba de abrir su negocio —las preocupaciones, las preguntas y los conocimientos son muy diferentes y ellos no estarán en capacidad de ayudarse entre sí de manera efectiva—. Por lo tanto, tienes que seleccionar el grupo de la forma más apropiada posible.

En consecuencia, la primera pregunta a la que te enfrentas cuando lanzas un grupo de Mentes Maestras es una versión un poco parecida a la del clásico acertijo de qué es primero, si el huevo o la gallina: *¿Quién más está en el grupo para ver si me inscribo o no?* Yo no tenía ni idea de qué responder, porque, aunque sí era yo la que lo estaba formando, muchas personas no se comprometían a participar en él hasta que tuvieran la certeza de que gente de "su mismo perfil" estuviera inscrita allí. Así las cosas, mis cuatro interesados pronto quedaron reducidos a dos, pues yo todavía no tenía la información necesaria como para poder decirles, con la claridad que ellos querían, quiénes serían los demás participantes.

Así las cosas, bien hubiera podido abandonar por completo esta idea de constituir este grupo. Después de todo, era un hecho que no habría valido la pena poner en marcha el programa con solo dos personas inscritas en él. Quizá, lo más prudente hubiera sido esperar hasta tener más inscritos, pero me hice estas dos preguntas: ¿Cómo puedo salvar esta idea? ¿Habrá alguna manera de reconfigurarla para que funcione?

Tuve varias conversaciones con los dos interesados y les hice muchas preguntas sobre sus negocios y cómo querían desarrollarlos; también hablamos de lo que ellos querían aprender en el programa. Entonces, en cambio de crear un grupo de Mentes Maestras tradicional, les propuse que hiciéramos algo nuevo: una experiencia personalizada solo para ellos dos, adaptada a sus agendas de aprendizaje personal. Habían venido a Nueva York y los tres teníamos el tiempo necesario para reunirnos y elaborar poderosas estrategias que estuvieran enfocadas en sus negocios. Y como ambos estaban interesados en ser conferencistas profesionales, les propuse que hiciéramos un viaje por carretera. Los dos me acompañarían a cumplir con un compromiso que yo tenía para dictar una conferencia. Así, ellos me verían en acción a medida que yo me preparaba para el evento, hacía mi charla, me conectaba con los anfitriones y demás experiencias propias de estas presentaciones. De ese modo, yo podría explicarles todo el proceso paso a paso, en vivo y en directo. Aquella era un tipo de experiencia diferente —que ellos estuvieron encantados de pagarme y que también funcionó a mi favor, porque se acomodó muy bien a todo lo que yo ya me había comprometido a hacer.

Esa fue una valiosa experiencia de aprendizaje. Incluso si has creado una marca sólida, es difícil convencer a los clientes de que te paguen por brindarles un nuevo servicio: no están seguros de cómo será, ni de si eso es lo que ellos quieren, ni de si lo disfrutarán. También es posible que no estén 100% seguros de que tú puedas entregarles los resultados prometidos.

El año que pasé dirigiendo el grupo de Mentes Maestras en una versión modificada sentó las bases para encaminarme hacia construir un grupo más tradicional, con nueve participantes al año siguiente. Con el tiempo, estos grupos se han ido convirtiendo en una fuente de ingresos saludable para mí y en una forma de ayudarles a muchos colegas a hacer crecer su negocio, sin tener que usar el modelo de entrenamiento uno a uno. Sin embargo, nada de esto habría sido posible si yo hubiera renunciado a la idea de construir un grupo de Mentes Maestras cuando me enfrenté a las dudas de los demás al respecto y al ver que armar el grupo era más difícil de hacer de lo que yo había imaginado.

Del mismo modo, me sentí destrozada cuando el conocido autor decidió que no podría colaborar conmigo en el proyecto del libro. Fueron meses desperdiciados, construyendo una propuesta completa sobre ese libro, junto con el capítulo de muestra. Pero luego, decidí repasar aquel material e identifiqué varios artículos sobre los cuales podría escribir, basados en la investigación que había realizado; de esa forma, me aseguraría de que las ideas allí consignadas se publicaran y yo obtendría algún beneficio profesional por todo ese trabajo que había realizado.

Fue así como aprendí que siempre debes preguntarte: *¿Podría haber más alternativas por medio de las cuales yo todavía pueda usar esto?*

PONLES UNA FECHA A TUS COMPROMISOS

"Durante décadas, había asociado el hecho de tener una agenda llena de cosas por hacer con tener estabilidad financiera", dice Sam Horn, autora y consultora. "Esa era para mí la medida de mi éxito". Y eso era exactamente en lo que ella se enfocaba hasta hace unos años.

"Estaba en Laguna Beach, California", comenta ella, "y acababa de terminar dos jornadas muy intensas de consultorías. Recuerdo que iba conduciendo rumbo al aeropuerto en el auto que renté; de pronto, me entró una llamada de mi hijo Andrew. Al contestarle, él notó algo en mi voz y me dijo: '¿Qué te pasa?'. Yo le dije: 'Estoy tan agotada que ni siquiera sé si lograré tomar ese vuelo esta noche'".

Andrew hizo una pausa por un momento. Luego, le dijo: "Mamá, hay algo que no estoy entendiendo. Tú eres una emprendedora, manejas tu propio negocio. De modo que puedes hacer casi cualquier cosa que quieras. Y, sin embargo, no estás aprovechando esa oportunidad". Su hijo la convenció de no tomar ese vuelo. Luego, él mismo llamó al hotel que su madre acababa de dejar y extendió su estadía por varios días. La verdad, ella necesitaba un descanso. "Y esa noche, en lugar de volar agotada rumbo a casa, yendo de aquí para allá, me senté con calma a escuchar el vaivén de las olas del mar", recuerda Sam.

De esa sencilla manera, Sam comenzó a darse a sí misma el espacio para pensar en muchas cosas, entre esas, que tenía un sueño que había estado postergando durante años: quería vivir junto al agua. Este no era el típico sueño de una casa en el lago o de una propiedad frente al mar. Ella quería pasar un año entero de autodescubrimiento, moviéndose de un lugar a otro, pero siempre cerca del agua. Lo más importante fue que se dio a sí misma una fecha límite para hacer algo al respecto: el 1 de octubre de ese año.

"Sea lo que sea", dice Sam, "si alguien quiere escribir un libro, lanzar su propio negocio, viajar por su cuenta o lo que sea, solo diré, casi inequívocamente: si no tienes una fecha asignada en el calendario, no lo vas a hacer. Porque la vida va a intervenir en tus deseos y tú dirás: 'Bueno, entonces no lo haré ahora, lo dejaré para más adelante'. Y terminas no haciéndolo". La búsqueda de Sam la llevó a nadar con delfines en Florida, con ballenas en Maui y a bucear con todo y traje de buceo en Walden Pond. Incluso escribió un libro sobre todas sus experiencias durante ese tiempo, llamado *Someday Is Not a Day in the Week*.

Cumplir tus metas, incluso las que más añoras, no es fácil. Sam se enfrentó a un montón de obstáculos cuando se puso en camino a convertir en realidad su sueño de vivir durante un año junto al agua; desde amigos incrédulos ("Sam, ¿estás enferma?") hasta el temor de que su negocio se viera afectado si ella se lanzaba a recorrer el mundo durante todo ese tiempo. "Sin embargo, lo hice", comenta ella, "porque tomé mi calendario, encerré en un círculo el 1 de octubre y me comprometí conmigo misma a salir por la puerta de mi casa ese día". ¿Su mayor lección? "Un compromiso previamente adquirido necesita de ciertas métricas que te indiquen si vas a tener éxito o no en cumplirlo".

INVOLUCRA A TU COMUNIDAD

Una estrategia al adquirir un compromiso previo es fijar una fecha. Otra es involucrar en él a otras personas.

Kim Cantergiani era una líder tipo C-Suite en una organización de servicio a discapacitados, además de esposa y madre ocupada. Entre su trabajo y su familia, siempre había necesidades urgentes. Inevitablemente, su innumerable cantidad de ocupaciones hizo que su salud se viera afectada. Llegó al punto en que —"con una talla de ropa 22 y 191 libras, habiendo seguido innumerables programas de pérdida de peso en los que no obtuve resultados"—, Kim decidió que era hora de comenzar a hacer algo definitivo al respecto. Ella sabía que la fuerza de voluntad en sí misma no sería suficiente, pues ya antes había probado esa ruta y falló varias veces.

Entonces, aprovechando el poder de la comunidad, Kim encontró su propia forma de hacerse responsable de cumplir su meta. Creó una campaña a la que llamó "libra-maratón", mediante la cual invitó a amigos, familiares y vecinos a que se comprometieran a hacer una donación al refugio de mujeres maltratadas ubicado en su localidad por cada libra que ella perdiera. Entonces, si ella fracasaba en el seguimiento de su dieta, estaría decepcionando a más personas que solo a ella misma. "Después de semejante compromiso adquirido, no era posible que me vieran en público con una barra de chocolate y una Dr. Pepper", dice ella. Su campaña de pérdida de peso tuvo tanto éxito que salió publicada en la revista *People* y ella pasó a convertirse en entrenadora personal y a abrir su propio gimnasio enfocado en el adelgazamiento y la figura fitness.

Todo profesional exitoso que quiera trazarse un nuevo rumbo o apuntarle a una gran oportunidad, a veces, chocará contra una pared. Y en momentos de emoción irracional, como el tipo de duda que trae consigo la posibilidad del fracaso, simplemente, no podemos confiar en nosotros mismos. Es demasiado fácil sentirnos desanimados, culparnos a nosotros mismos y tomar decisiones imprudentes. Tenemos derecho a sentir la tentación de rendirnos por completo o de cambiar nuestra estrategia para hacer lo que está de moda y parezca más prometedor que lo que estamos haciendo en el momento. Sin embargo, no podemos permitirnos el lujo de abandonar nuestra causa antes de tiempo, por lo que es importante prever cuáles pueden ser esos contratiempos que probablemente encontremos para así estar listos a superarlos. Por eso, es mejor poner una fecha en el calendario, sabiendo que será mucho más difícil retroceder en el cumplimiento de nuestra meta y que obtendremos el apoyo de nuestros amigos y colegas; además, nos sentiremos avergonzados de estar perdiendo el tiempo a sabiendas de que ellos cuentan con nuestro compromiso y esfuerzo.

La mayoría de las metas, si son demasiado grandes, *suelen* fracasar. Ahora, si alcanzas cada meta que establezcas, lo más probable es que estés apuntando demasiado bajo. El secreto está en asegurarte de no dejarte atemorizar, ni paralizar, ni derrumbar por el temor. Necesitas buscar alternativas, porque, casi siempre, hay otros caminos. Dos años después de mi fallida propuesta del libro, me las ingenié para reutilizar los conceptos que había escrito allí y los convertí en un curso en línea que resultó ser mucho más lucrativo para mí de lo que hubiera sido el libro.

Los obstáculos son inevitables. Por esa razón, para tener éxito debes aprender a saltar por encima y por debajo de ellos, hacerlos pedazos o, simplemente, darles la vuelta: tú eliges.

Lo único que no puedes hacer es rendirte.

Recuerda:

- Necesitas ser excelente en lo que haces. Pero también necesitas carácter, puesto que habrá ocasiones en que hasta los más excelentes artistas "fracasarán". Tienes que darte a ti mismo múltiples posibilidades de éxito, porque, con el tiempo, si estás realmente comprometido, lo conseguirás.

- Pon tus conceptos e ideas a prueba. Usa formas sencillas que te permitan saber si estos funcionan o no antes de invertir en ellos por completo. De esa manera, si algo no funciona, no estarás afrontando un fracaso, puesto que lo que hiciste fue un experimento y aprendiste algo valioso de él.

- Piensa siempre de manera amplia e identifica múltiples formas de lograr tu objetivo. A lo mejor, una no te funcione, pero casi siempre habrá más posibilidades de lograrlo.

- Intenta adaptar los planes que no te funcionaron. ¿Existen alternativas que te permitan aprovechar los contactos que lograste, el tiempo que invertiste o el trabajo que hiciste?

- Para aumentar las probabilidades de éxito, pon siempre una fecha en tu calendario e involucra a otros en tu plan. De ese modo, incrementarás tu nivel de seriedad y compromiso.

Capítulo 10

COSECHANDO LAS RECOMPENSAS

"Yo podría haberlo escrito *mejor*".

"¿Por qué *ella* consiguió que la promovieran y yo no?"

"No puedo creer que la gente esté pagando por escuchar *a ese tipo*".

En nuestra cultura, es difícil alejarse de hacer comparaciones. H. L. Mencken, el famoso escritor sarcástico de principios del siglo XX, definió riqueza como "cualquier ingreso que sea, como mínimo, $100 dólares más al año "de lo que gana tu cuñado". Pero, en estos días, no solo es con nuestros cuñados con quienes nos estamos comparando. También nos comparamos con nuestros colegas en el trabajo, con nuestros amigos de la escuela secundaria y de la universidad, con algunas estrellas de los reality shows, con gente influyente en los medios y con cualquier otra persona cuyas redes sociales sean más populares que las nuestras.

En otras palabras, con todo el mundo.

Una vez, asistí a un show en el cual la única persona que actuaba en el escenario era una mujer —se llamaba *Lezzie with a Z*, una referencia al show de Liza Minelli, *Liza with a "Z"*—. Se trataba de Caitlin Lee Reid, una talentosa intérprete que compartía con el público la historia de su sueño infructuoso de actuar en Broadway. Sin embargo, su vida era bastante interesante: ella tiene una voz maravillosa y, en ese momento, trabajaba en el mundo de la tecnología, lo disfrutaba y estaba felizmente casada con su hermosa esposa, gracias en parte a su amiga Stefani, quien, años atrás, la había animado a declararlo públicamente.

El único inconveniente es que Stefani era Stefani Germanotta —también conocida como Lady Gaga—. Ya es suficientemente patético compararnos con nuestro cuñado, así que resulta mucho, mucho más difícil compararnos con una amiga que ha tenido seis álbumes en el primer lugar de las listas del Billboard y además es una de las estrellas del pop más conocidas del mundo[1].

Caitlin ha hecho un recorrido lleno de ingenio y gracia, pero, aun así, no ha sido fácil. Jugar el juego largo se nos convierte en un desafío doloroso cuando nos parece que otros avanzan y nosotros no. Nuestra tendencia suele ser sentirnos avergonzados por no tener todas las respuestas o por no ser los mejores o por no haber avanzado tanto como esperábamos o imaginábamos que avanzaríamos.

Durante mi primera semana de participación en BMI, el taller de teatro musical, me asignaron para trabajar junto con una compositora y nuestra labor consistiría en componer de una canción. ¡Esa fue mi primera actividad! Hasta ese momento, las únicas canciones que yo había escrito habían sido escritas con la colaboración de un entrenador que contraté para que me apoyara en ello. La verdad era que yo todavía no sabía a ciencia cierta lo que estaba haciendo. Además, en el programa estaban inscritos dos compositores que tenían maestrías en teatro musical, siendo yo una completa novata en el campo. En cuanto a los demás participantes, todos parecían tener su propia variedad de credenciales: uno de ellos se había graduado con honores en el programa de teatro musical de Northwestern University y había escrito la revista anual de su alma mater; otro había ganado casi todas las becas de estudios en el área de teatro musical existentes en Canadá; y otro era profesor de teoría musical en una universidad.

La compositora con la que me asignaron mi primera actividad tampoco era una novata, pues ya había completado sus estudios en Los Ángeles —un programa similar al de BMI— y, solo para ser versátil, también se había formado como letrista. En resumen, sabía hacer mi trabajo mejor que yo. Para ella, mi primera composición fue un desastre; le pareció imposible averiguar dónde y cómo agregarle palabras a la melodía que compuse. Así que intervino para ayudarme. Por supuesto, me sentí como una idiota y estoy bastante segura de que ella pensó que yo lo era.

Durante el primer año del taller, los profesores nos rotaban después de unas pocas semanas para que trabajáramos con un compositor diferente. Mi siguiente compañero de trabajo, un gran músico quien, por fortuna, no era un hablante nativo de inglés, así que me alegró saber que esta vez yo sí podría componer una letra que tuviera sentido. Para entonces, yo ya había absorbido a gran velocidad las lecciones más básicas sobre lo que tenía que hacer. Pero el aguijón de la humillación y del juicio que estoy segura que emanó de esa primera compositora dejó en mí su huella. Yo había invertido dos años completos, trabajando para ser aceptada en aquel programa, pero una realidad sí me estaba quedando bastante clara y era que mi viaje por ese sendero no había terminado. Por el contrario, apenas había comenzado y yo ya estaba retrasada.

En momentos como estos, es fácil darte por vencido. Nos decimos a nosotros mismos, *tal vez no tengo lo que se necesita o nunca seré lo suficientemente bueno en esto, entonces, ¿por qué intentarlo siquiera?* También es fácil volverse vengativo o sentir que uno tiene derecho a todo: ¡*Estas personas no aprecian el verdadero talento! ¡El sistema está manipulado! ¡No voy a jugar sus estúpidos juegos!*

De manera que no lo dudes: proyectarte a largo plazo y llevar a cabo las acciones que te permitan tu eventual éxito requiere de sacrificio —habrá veces en que tendrás que sacrificar incluso tu propia dignidad y tu orgullo propio—. Sin embargo, si estás dispuesto a soportar la incomodidad y la humillación, las recompensas que recibirás a cambio serán poderosas.

Pero la mayoría de la gente no lo está.

DE MALVAVISCOS Y NIÑOS

Probablemente, habrás oído hablar del famoso *"Bing Marshmallow Study"*, realizado en Bing Nursery School of Stanford University en la década de 1960. Consistía en que a los niños se les daba una opción: tomar una deliciosa golosina y comérsela de inmediato (los malvaviscos eran una opción) o esperar 15 minutos —permaneciendo solos en una habitación, junto con su golosina— para luego recibir dos. La verdadera conclusión obtenida de esta prueba surgió décadas después, cuando los resultados de los estudios de estos niños se compararon con los resultados que ellos obtuvieron a lo largo de su vida. Se hizo evidente que los niños que tuvieron el autocontrol y el dominio de sí mismos para esperar a comerse su golosina tuvieron un rendimiento notablemente mejor en casi todas las áreas. Como lo expresó la escritora neoyorquina Maria Konnikova, un(a) niño(a) que puede esperar más tiempo "tendrá un mejor rendimiento académico, ganará más dinero y será más saludable y feliz. También será más probable que evite una serie de resultados negativos, incluidos pasar tiempo en la cárcel, sufrir de obesidad e involucrarse en el consumo de drogas"[2].

Aun así, cuando en determinado momento de tu vida te gusta leer sobre ciencias sociales o sobre temas de negocios, ese es un gusto fácilmente identificable. Pero hay una verdad crucial con respecto a esto y no deja de resultar bastante extraña: nadie es el mismo tipo de persona para siempre —no siempre serás un monstruo de las galletas, ni un devorador de golosinas, ni un santo diligente en todo—. En otras palabras, todos podemos aprender a retrasar la gratificación que buscamos y mejorar nuestro nivel de autocontrol. Y, para el caso que nos interesa, todos podemos convertirnos en pensadores a largo plazo.

Cuando se trata de resistir las tentaciones a corto plazo (voy a comerme esos malvaviscos o a tomarme un segundo trago de licor), el truco es "enfriar" ese impulso, como explica Konnikova, "poniendo el objeto deseado a una distancia imaginaria (no son verdaderos malvaviscos, son una fotografía de ellos) o reencuadrándolo (imaginando que los malvaviscos no son golosinas, sino nubes). También suele funcionar el hecho de enfocarnos en una experiencia completamente diferente a la que esté relacionada con el objeto de nuestra tentación o emplear cualquier otra técnica que desvíe con éxito nuestra atención de eso que tenemos en mente".

Todo esto es genial para evitar unos kilos de más. Pero el proceso es obviamente un poco diferente al de tener que obligarnos a nosotros mismos a realizar actividades en nuestro lugar de trabajo que son importantes a largo plazo —escribir artículos, estudiar para obtener una certificación adicional, asistir a un evento de networking— y que, en el momento, nos parecen difíciles o gravosas de hacer. ¿Existe alguna manera mediante la cual podamos entrenarnos a nosotros mismos para hacer lo necesario y alcanzar así aquello que decimos que más queremos?

De hecho, sí existe. El secreto puede ser, simplemente, comenzar a hacerlo, así sea de una manera *muy sencilla*. El problema de escribir un libro o de aprender una nueva habilidad es que, a menudo, nos parece una meta tan monumental que nos resulta abrumadora. ¿Cómo puedes sentarte y escribir 300 páginas? Por supuesto, la respuesta es que no se puede: necesitas dividir esa gran meta en pequeñas metas.

Pero, para alguien que no ha escrito un libro antes, o que siente aversión hacia el proceso, hasta escribir un solo capítulo le parece demasiado. Es por eso que el sicólogo de Stanford, BJ Fogg, propone un enfoque diferente: "Cuando un hábito es fácil de realizar, no necesitas motivación para realizarlo"[3]. Por lo tanto, su recomendación es que debemos esforzarnos por crear "pequeños hábitos" que sean tan minúsculos y factibles de realizar que nos resulte imposible no practicarlos. Cuando Fogg quiso crear el hábito de usar hilo dental en su propia rutina dental, decidió pasarse el hilo por un solo diente. Como empezar es a menudo la parte difícil del proceso, una vez te estás limpiando ese diente, se vuelve mucho más fácil seguir adelante y limpiarlos todos. Del mismo modo, él sugiere adquirir el hábito de pagar *una* factura o de ordenar *un solo* cajón del escritorio.

Según esto, para desarrollar cualquier actividad en la que te sientas nervioso o que te genere cierta aversión, busca una manera mínima de empezar. No es necesario que vuelvas a hacer conexión con todos los contactos que tienes en tu lista de correos electrónicos; envíale *un* correo a un amigo con quien no hablas desde hace tiempo. Tampoco tienes que sentarte y escribir una novela completa; solo redacta *un* primer párrafo.

La clave es empezar.

A lo largo de este libro, hemos hablado de las habilidades fundamentales para convertirte en un pensador a largo plazo: necesitas saber decir que no; de lo contrario, nunca lograrás tu propia agenda si no tienes espacio para colocar lo más importante para ti en el primer lugar de tus prioridades; también tienes que estar dispuesto a "fracasar", comprendiendo que lo que la mayoría de la gente llama fracaso son tan solo datos útiles que estás recopilando; y además, debes confiar en el proceso durante todo el tiempo que sea necesario con tal de obtener los resultados que deseas.

Ahora, ha llegado el momento de que pongas en práctica estas estrategias hasta que puedas domínalas en tu propia vida.

AVERIGUA LO QUE SE NECESITA

Jeff Bezos, en su carta de 2018 a los accionistas de Amazon, cuenta una historia inusual sobre el ejercicio de pararse sobre las manos: "Hace poco, una amiga cercana decidió aprender a hacer a la perfección la parada de manos en estilo libre"[4], de modo que se inscribió a una clase de yoga con la expectativa de que allí le enseñarían a hacerla. Con el paso de los días, mi amiga vio que no progresaba tan rápido como quería, así que contrató, ¡sí! Contrató a un entrenador.

Bezos relata lo que el entrenador le dijo a su amiga: "La mayoría de la gente piensa que, si trabaja duro, será capaz de realizar este ejercicio en unas dos semanas. La realidad es que se requiere de unos seis meses de práctica diaria. De manera que, si crees que lograrás hacerlo en dos semanas, es casi seguro que terminarás abandonando esta meta".

Demasiadas personas son como la amiga optimista de Bezos. Nunca se molestan en investigar en qué consiste el proceso o lo que en realidad se necesita para triunfar y tener éxito. Se lanzan al ruedo con una visión de unicornios y arcoíris, pasando por alto el arduo trabajo y el sacrificio que tendrán que hacer —si tan solo se hubieran tomado el tiempo de mirar—. De ese modo, resulta inevitable encontrarse de frente con la decepción.

Podemos ser más inteligentes y resilientes si, desde el principio, nos esforzamos por comprender qué es y cómo luce el éxito. ¿Cómo lo han hecho otras personas? ¿Qué se requiere para ser exitosos? A lo mejor, te las ingenies para desarrollar una mejor manera o una fórmula más inteligente de tener éxito, pero esa deberá ser una agradable sorpresa, no tu expectativa inicial. Si a todos los demás les lleva tres años hacer algo digno de mencionar que haya sucedido en sus vidas, no asumas que tú lo lograrás en seis meses.

MODO DE FUNCIONAMIENTO

En el Capítulo 1, conocimos a Dave Crenshaw, cuyo compañero de clase de la universidad se burlaba de su intención de crear un equilibrio entre su trabajo y su vida personal y que además le dijo que tendría que sacrificar a su familia para poder construir una carrera lucrativa. Más de 20 años después, Dave ha logrado construir un negocio exitoso, trabaja 30 horas a la semana y se toma dos meses libres por año —probando así que, el que ríe de último, ríe mejor—. ¿Cómo hizo Dave para lograrlo?

El secreto, dice él, es descubrir cuál es tu "modo de funcionamiento". Piensa en un auto. Hoy en día, muchos tienen una función que te indica cuántas millas puedes conducir hasta que te quedes sin gasolina. Lo mismo ocurre con los emprendedores y con otros profesionales: "¿Cuántos días puedes alejarte de lo que estás haciendo y lograr que eso que haces siga funcionando sin tu presencia?", pregunta Dave. ¿Te has enfocado en sincronizar los sistemas que necesitas que funcionen a la perfección para que tu negocio no colapse si no trabajas las 24 horas del día, los 7 días de la semana?

Un error común que cometen los profesionales con exceso de trabajo es apuntar demasiado alto y demasiado rápido. Dave afirma que él descansa dos meses al año y que después de ese descanso se siente listo para retomar su arduo ritmo de trabajo. Cualquiera se pregunta: *¿Por qué yo no puedo hacer eso mismo?* Esa es una meta bastante ambiciosa y poco práctica: primero, necesitamos entender nuestro "modo de funcionamiento" actual y trabajar para expandirlo de la manera más estratégica posible. Recuerdo que me asusté durante un viaje de verano a las Adirondacks y descubrí que allí el servicio de celular era tan irregular que no podría descargar mis correos electrónicos de manera confiable. Así las cosas, insistí en conducir hasta la ciudad todos los días para poder revisar mis mensajes. Mi "modo de funcionamiento" en ese momento soportaba solo unas 18 horas diarias: nada impresionante.

Comienza por identificar cuál es tu "tiempo límite", sugiere Dave. "Consiste en determinar cuál es ese momento del día en el que dejas de trabajar. Si no puedes detenerte a la misma hora todos los días, no estás listo para la maratón". Es decir, si terminas tu trabajo a las 7:30 p.m. todas las noches, observa si puedes hacerlo a las 7 p.m. y luego a las 6:30 p.m. Es como restablecer tus ritmos circadianos: si eres noctámbulo, podrías ciertamente obligarte a despertarte a las 6 a.m. un día, pero es un hecho que el cansancio te hará colapsar y por esa razón no mantendrás esa práctica. Lo que necesitas es irte ajustando de forma gradual a despertar a esa hora.

Necesitas ser firme al respecto. Tendrás que decir: *En este momento, voy a dejar de trabajar. No importa cómo haya sido mi día, dejaré de trabajar ahora mismo.* Como señala Dave: "Habrá cosas que no puedas terminar en esa jornada, de modo que tendrás que empezar a tomar decisiones al respecto. O vas a empezar a decirles que no a cosas que son de poca importancia o tendrás que empezar a desarrollar un muy buen sistema de trabajo". Esa toma de decisiones forzada te hará un mejor emprendedor y te ayudará a ser mucho más productivo.

Una vez hayas perfeccionado tu capacidad para dejar de trabajar en un momento determinado todos los días, estarás listo para empezar a crear lo que Dave llama un "oasis" en tu semana, el cual te da un pequeño descanso, junto con la posibilidad de reiniciar tus labores. "¿Es una hora todos los viernes? ¿Es medio día?", pregunta Dave. En su caso, él se toma un descanso todos los días durante su jornada laboral para ver videos cortos de comedias y cosas divertidas. Así, incluso si ha sido un día estresante y con un ritmo de acción bastante fuerte, él sabe que ese respiro lo está esperando. "Te comprometes a ello y te haces preguntas estratégicas como '¿Qué debo hacer para que esto suceda?'. Cuando empiezas a hacerte preguntas como esa, mejoras tu forma de pensar y tiendes a ser más eficaz en tu campo de acción. El caso es que necesitas buscar mejoras sistémicas".

Por último, él dice que puedes aplicar el concepto de "oasis" durante todo el año: ¿podrías tomarte una semana o dos o incluso un mes? Alejarse del trabajo durante tanto tiempo suele hacer que los profesionales empecinados en trabajar se sientan abrumados y casi confrontados (sobre todo, los estadounidenses, que no están acostumbrados a hacer pausas largas). Pero tomar ese descanso hace que el proceso de mejorar, tanto ellos mismos como sus empresas, sea mucho mejor. "Alguien que esté pensando de manera empresarial", dice Dave, "se dará cuenta de que 'si hago esto, ganaré más dinero, puesto que aumentaré el valor de mi tiempo'".

Ahora, pensar en tomarte un mes de descanso, mucho menos dos, tiende a parecer imposible. Y a lo mejor lo sea, si estás mirando tu calendario del próximo mes. Pero, dice Dave, "tienes que comprometerte a ello con mucha antelación para que todas las decisiones que tomes con respecto al manejo de tu tiempo y de tus prioridades sean en función de tu próximo descanso". Ese es el problema con el que mucha gente se encuentra. Son como, "Oh, no puedo hacer eso, porque tengo esto programado la semana entrante y la otra que sigue". Entonces, piensa más allá. Planea tu descanso, proyectándote a los siguientes tres o cuatro meses".

El consejo de Dave no es solo en cuanto a que planifiques tus vacaciones y te tomes un tiempo de descanso. También es en cuanto a lograr cualquier cosa significativa que quieras hacer. Si culpas a tu agenda llena de cosas por hacer y dices que no tienes tiempo para escribir ese guion, lanzar ese podcast o asistir a esa conferencia, técnicamente, *tienes razón*. Pero también estarías siendo miope, pues siempre es posible hacer espacio para lo importante, siempre y cuando lo planifiques con la suficiente anterioridad.

Jugar a largo plazo significa estar dispuestos a pensar en el futuro e incluso a hacer sacrificios a corto plazo para lograr aquello que nos interesa en un mañana. Cuando nos disciplinamos en la gestión del tiempo y trabajamos implacablemente para mejorar nuestro "modo de funcionamiento", nos estamos dando el espacio que necesitamos para alcanzar nuestros sueños.

EL HORIZONTE DE AQUÍ A SIETE AÑOS

La filosofía de Jeff Bezos es opuesta a aquella sobre la cual las personas asumen tareas difíciles bajo la impresión equivocada de que realizarlas será cosa fácil. En cambio, Bezos siempre está en busca de oportunidades que le permitan asumir tareas difíciles y a largo plazo —de las que suelen asustar a todos los demás—. "Si todo lo que haces debe funcionar en un horizonte de tiempo de tres años", le dijo él a la revista *Wired* en 2011, "entonces, estás compitiendo contra mucha gente. Pero si está dispuesto a invertir, basado en un periodo de siete años, estarás compitiendo contra una fracción más reducida de emprendedores, porque muy pocas empresas están dispuestas a hacer eso. Solo alargando el horizonte de tiempo podrás alcanzar metas que, de otra manera, nunca alcanzarás"[5].

A decir verdad, la mayoría de nosotros no somos tan ambiciosos como deberíamos ser con respecto a nuestras metas. Por supuesto que todos tenemos sueños espectaculares —tengo varios amigos que dicen que quieren ser como Oprah algún día. Pero, cuando se trata de hacer planes concretos para alcanzar ese sueño, se acobardan.

Durante años, yo había estado animando a un amigo a que dejara su trabajo y pusiera a funcionar sus ambiciones y su espíritu empresarial. Un día, me llamó para contarme que ¡por fin, lo haría!

"¡Fantástico!", le respondí. "¿Cuándo es tu último día de trabajo en la empresa?". "Bueno", me dijo, "quiero asegurarme de que mi organización esté un poco más estable antes de irme. Así que decidí que dejaré el cargo en cinco años". Literalmente, reí a carcajadas. Abrumado con mi reacción, mi amigo lo pensó mucho mejor y a los dos meses renunció y comenzó un negocio que resulto realmente exitoso. Pero, así como él, muchos levantan barreras innecesarias y no quieren reconocen el enorme progreso que lograrían con el paso del tiempo si tan solo comenzaran a trabajar en sus sueños.

Además, muchos soñadores viven aterrorizados de que sus planes cambien. *¿Y si estoy equivocado? ¿Y si esto no funciona?* Nadie tiene la información precisa que le permita obtener las respuestas a esos interrogantes. Con el tiempo y la experiencia, lo más posible será que descubras cosas nuevas acerca ti y de tus habilidades y preferencias o sobre tu negocio. Ciertamente, no tienes que ajustarte al mismo plan durante los siete años pase lo que pase. Sin embargo, la planificación a largo plazo te permite pensar en grande y adaptarte cuando sea necesario.

En el Capítulo 5, conocimos a Albert DiBernardo, el ex ingeniero ejecutivo que, al ver la publicación de un amigo en Facebook, aprendió sobre el campo del *coaching* ejecutivo y decidió obtener su certificación como *coach*. Sin embargo, varios años después de su jubilación, su enfoque ha cambiado: "No veo dónde está el punto final", dice. "Pensé que sería ser *coach*, pero, hoy en día, siento que todavía estoy bastante lejos de mi destino final". Todavía le encanta trabajar con clientes, pero esa es solo una modalidad. Ahora, realiza talleres, es miembro de una junta corporativa, invierte en bienes raíces y hace muchas cosas más.

"Me doy cuenta de que ando en busca de más y más sabiduría", dice. "Ese es mi verdadero viaje, ese es mi punto de acción. Todavía hoy, estoy descubriendo cosas acerca de mí. Esa es la belleza de este viaje".

Cuando planificas a largo plazo y estás dispuesto a conocerte más a fondo y a adaptarte a ello, puedes crear experiencias extraordinarias en tu vida.

SABOREA EL PROCESO

A principios de 2019, recibí un correo electrónico —muy amable y tentador—. *¿Estaría yo disponible el 19 de mayo? ¿Y evaluaría la posibilidad de ser la oradora de la ceremonia de graduación de la Mary Baldwin University?*

Quedé atónita. No tenía ni idea de que ellos siquiera supieran quién era yo. Pero Mary Baldwin University, localizada en la pequeña ciudad de Staunton, Virginia, es donde yo hice mi primero y segundo año de universidad hace ya dos décadas. También fue allí donde conocí a mi primera novia y además le propuse a la entonces presidenta de la universidad que formáramos allí el primer grupo de estudiantes LGBT (ella no quería que lo hiciera, pero no pudo detenerme) y que implementáramos la política de no discriminación de la universidad (la escuela terminó implementándola años más tarde bajo la administración de su nueva presidenta, Pamela Fox).

Mi respuesta a sus preguntas fue un rotundo sí. Fui la oradora de la graduación y acepté con entusiasmo una invitación unos meses después para unirme a la junta directiva. Viajo demasiado por cuestiones de trabajo, así que no necesitaba agregarle a mi itinerario cuatro viajes más a Virginia. Pero, para mí, estar de vuelta en el campus, caminar por esos pasillos de nuevo y ver lo lejos que he llegado es la definición misma de éxito. Unirme a la junta de otra universidad habría sido un gran honor, pero no habría generado en mí esa misma emoción.

Es así para todos. Hay impresas en cada uno de nosotros unas preferencias únicas, junto con unas experiencias incomparables que conforman nuestra propia constelación personal de lo que significa el éxito. Un amigo mío está obsesionado con los barcos y, apenas sí pone un pie en tierra durante el verano. En cambio, yo tengo problemas con el mareo por el movimiento del barco y preferiría morir antes de viajar en uno. Otro colega se retira a su casa de campo todos los viernes por la tarde, desafiando el tráfico de esa hora con tal de llegar a su oasis. Pero, para mí —habiendo crecido con una casa que la familia tenía disponible en la playa, la cual era el destino invariable en todas nuestras vacaciones—, la idea de ir al mismo lugar 50 veces al año me resulta sofocante, no liberadora.

Todos somos diferentes. Y por eso es tan poderoso cosechar las recompensas de nuestro esfuerzo y de nuestro arduo trabajo, porque el futuro que cada uno hemos creado es exclusivo para cada cual y consiste exactamente en lo que cada uno quiere hacer.

Conseguir el éxito siempre toma más tiempo del que quisiéramos. Si esperamos hasta que al fin lo hayamos "logrado" para celebrar, lo más probable es que estaremos esperando por siempre esa celebración. Después de todo, ¿qué es el éxito? En ecología, hay un fenómeno conocido como *síndrome basal cambiante*. A lo largo del tiempo y de las generaciones, olvidamos cómo era el mundo natural que nos rodeaba. Terribles y dramáticas circunstancias, como la deforestación o la extinción de especies, no parecen ser un gran problema porque, oye, ¿no ha sido siempre así?

También es así en nuestra propia vida. Al principio de nuestras carreras, habríamos matado por obtener algunos de los éxitos de los que ahora disfrutamos y que, a veces, damos por sentados.

¿Acabas de cerrar un negocio de seis cifras? ¿Acabas de publicar un artículo en ese famoso periódico? Genial. ¿Te acaban de invitar a hacer tal o cual conferencia? Excelente.

Hace años, esas son cosas que hubieran valido la pena una cena especial y llamar a todos tus amigos, pero ahora, parecen normales y hasta cotidianas. Tu mente pareciera estar entrenada para pensar que... sí, fuiste invitado a hablar, pero tú no fuiste el conferencista principal. Sí, cerraste el negocio, pero no eres el mayor accionista de la empresa. Dicho de otro modo, olvidamos cómo era ser nosotros mismos hace años y lo asombroso que nuestro éxito actual nos hubiera hecho sentir en ese tiempo.

Lo cierto es que convertirte en un experto reconocido en tu campo o lograr éxito de cualquier tipo no es un proceso rápido. Como hemos visto a lo largo del libro, se requiere de una gran cantidad de tiempo y esfuerzo, y de la emoción y la fortaleza para soportar los contratiempos. No podremos seguir avanzando si todo en nuestra vida nos parece un trabajo eterno. Tenemos que encontrar una forma de aprovechar la magia. Necesitamos mostrarnos a nosotros mismos qué tan lejos hemos llegado, de tal modo que podamos ver que es posible continuar con el resto del viaje.

✖ ✖ ✖

En el verano de 1996, durante mis años junior y senior de la universidad, conseguí una pasantía en la legendaria agencia de publicidad TBWA/Chiat/Day. El creador de "1984", el icónico anuncio de Apple, fue reconocido como uno de los más geniales de la nación. Yo estaba muy emocionada.

Cada aspecto de la experiencia fue "de marca". Su oficina en el centro de Nueva York, una obra maestra sobre la cual se escribe con frecuencia en revistas de negocios en el momento, tenía algunos de los símbolos de alta gama que hacen parte de la identidad de la ciudad, como lo es la impresionante vista de la Estatua de la Libertad. Pero la agencia innovó de maneras bastante inusuales para esa época. La oficina abarcaba dos pisos y, aunque podías tomar el ascensor entre ellos, también podías deslizarte por la "columna al estilo Batman" que los conectaba. Había una habitación cuyas paredes estaban cubiertas de almohadas que podías golpear si te sentías frustrado o refugiarte allí si eso te ayudaba en tu proceso creativo.

Nadie tenía escritorio. Ese fue uno de los primeros ejemplos de la tendencia que surgió después en cuanto al concepto de oficina abierta que más tarde arrasaría con las empresas estadounidenses. A partir de ahí, todos los días pones tus pertenencias en un casillero, deambulas entre áreas abiertas y te sientas en salas de conferencias. Además, no era un problema si la gente necesitaba comunicarse: se le daba a cada uno un celular (primitivo) para que lo usara dentro de la oficina, antes de que casi cualquiera los usara con la normalidad de hoy en día.

Trabajar en la agencia fue una experiencia apasionante para mí y, debido a las agitadas horas de trabajo y a la modalidad de tomar los alimentos en el lugar de trabajo por cuenta de la empresa (si trabajabas hasta pasadas las 7 p. m., podías solicitar comida gratuita), yo escasamente salía del edificio. Eso significó que nunca llegué a conocer realmente los alrededores de la zona donde estaba ubicada la oficina. En cualquier caso, esta parecía un desierto después de que terminaba la jornada laboral —no un lugar que uno realmente quisieras explorar.

Casi dos décadas después, decidí mudarme a la Ciudad de Nueva York. Ciertamente, la había visitado desde que viví allí un verano, pero nunca por mucho tiempo. Entonces, cuando llegó el momento de buscar una vivienda, les envié un correo electrónico a mis amigos y colegas que vivían allí. ¿Algún consejo que pudieran darme? ¿Alguna recomendación que quisieran hacerme? Uno me envió a mirar un apartamento en el distrito financiero. Desde el 11 de Septiembre, el barrio se había reinventado a sí mismo. Las oficinas corporativas seguían siendo abundantes, pero aquella fue una explosión de conversiones en condominios y sitios de alquiler: en gran medida, la zona se había convertido en un barrio residencial.

El edificio de apartamentos que visité me pareció perfecto. Fue construido hace menos de una década, de modo que era moderno y estaba bien mantenido. Además, quedaba a pocos pasos del metro e incluso tenía un gimnasio y una terraza en la azotea, así que decidí rentarlo. No fue sino hasta varias semanas después de que me mudé al apartamento que comencé a explorar el vecindario. Fue entonces cuando descubrí algo inesperado. Resultó que había un edificio alto que estaba junto al mar, con un hermoso exterior de cristal reluciente en tono azul verdoso. Aquel era el mismo edificio en el cual yo había trabajado durante el verano aquel.

Mi nuevo edificio de apartamentos no estaba construido en ese entonces, así que yo no lo hubiera visto. Y en el estilo clásico del centro de Nueva York, los nombres de las calles cambiaron después de unas pocas cuadras, así que la dirección tampoco me pareció conocida, pero resultó que mi nueva residencia estaba en la misma calle, ni siquiera a dos cuadras de distancia de mi antiguo apartamento de TBWA/Chiat/Day.

Aquella fue una coincidencia, por supuesto. Terminé allí al azar, por sugerencia de un amigo y porque los datos demográficos del vecindario habían cambiado tras aquella impredecible tragedia nacional. Pero Nueva York es una gran ciudad —8,3 millones de personas cubren más de 300 millas cuadradas—, así que yo elegí ver ese edificio como una señal. Decidí disfrutarlo todos los días cuando salía de mi edificio y le echaba un vistazo a ese rascacielos como mi recordatorio personal de lo lejos que había llegado con el paso de los años. Los fracasos, pero también los aciertos, los libros que había escrito, el negocio que había construido, la vida que tenía, la persona en la que me he ido convirtiendo. Hasta el día de hoy, sigo pasando frente a él casi a diario.

Es tan fácil olvidar lo que hemos logrado. Y cuando lo hacemos, perdemos de vista el poderoso hecho de que, si lo hemos hecho antes, podemos volver a hacerlo una vez más. Con esfuerzo y un horizonte lo suficientemente amplio, casi todo es posible.

Y eso es cierto para cualquiera de nosotros.

"Hace unos cinco años, decidí que, cuando me jubile, quiero vivir en una cabaña frente a un lago en una bella ciudad y hacer coaching a tiempo parcial", me dijo Samantha Fowlds. Ella es una ejecutiva canadiense y miembro de mi curso y de mi comunidad de Recognized Experts. "Me di cuenta que, si quiero que ese sueño se haga realidad en 20 años, entonces, tengo que comenzar a construir unas bases sólidas desde ahora. Así que, hace tres años, obtuve mi certificación como *coaching* profesional y ahora recibo clientes particulares de vez en cuando, pero sigo con mi trabajo habitual".

A diferencia de Samantha, la mayoría de la gente nunca piensa tan a largo plazo. Muchas personas quieren que sus sueños se les cumplan ya mismo y se enojan o se frustran cuando estos no se vuelven realidad de inmediato. Pero, para que nos ocurran cosas buenas, necesitamos planificarlas y trabajar en ellas hasta verlas convertidas ya no en un sueño, sino en una realidad… en nuestra realidad.

A corto plazo, lo que hace que recibas elogios —de la familia, de compañeros, de las redes sociales—, es aquello que se destaca en tu vida: tu trabajo estable, las vacaciones que tomaste, tu hermoso auto nuevo. Entonces, es fácil dejarte llevar. Nadie te dará crédito nunca por realizar algo que te parece difícil y que además es un trabajo arduo y a la vez invisible: sudar la gota gorda, escribir ese capítulo del libro, hacerle ese favor complicado a ese colega, publicar ese artículo.

Sin embargo, no podemos pensar en optimizar a corto plazo y asumir que ese esfuerzo se traducirá en un éxito a largo plazo. Debemos estar dispuestos a hacer cosas difíciles, laboriosas y que hoy nos disgustan o se nos dificultan hacer —el tipo de cosas que tienen poco sentido en el corto plazo— para que, en el futuro, podamos disfrutar de sus resultados exponenciales.

Tenemos que estar dispuestos a ser pacientes.

No pacientes de forma pasiva —"deja que las cosas te sucedan"—, sino activa y vigorosamente paciente, estando siempre dispuestos a negarnos a tomar la ruta fácil con tal de hacer algo que sea verdaderamente significativo.

Los resultados no serán visibles mañana mismo, cuando el progreso que hayas hecho sea imperceptible. Pero serán visibles en 5, 10 o 30 años, cuando hayas logrado construir el futuro que siempre deseaste. Cuando puedas mirar hacia atrás, a los rascacielos donde solías trabajar y desde ahí ver el camino que has recorrido y hasta donde tu esfuerzo te ha llevado.

Con frecuencia, los grandes objetivos parecen, y francamente son, imposibles en el corto plazo. Pero, mediante pasos pequeños y metódicos, casi cualquier cosa es alcanzable. El *único* objetivo de este libro ha sido mostrarte cómo pensar y actuar a largo plazo en función de hacer posible ese futuro que ansías tener.

Ahora, depende de ti.

Recuerda:

- Podemos entrenarnos para ser pensadores a largo plazo, utilizando las siguientes estrategias:

- Empieza de una forma muy sencilla. Cualquier objetivo resultará abrumador si lo miras en su totalidad. Pero irás generando un impulso positivo si empiezas poco a poco y puedes ir viendo que en verdad estás teniendo éxito en lo que sea que hayas emprendido.

- Identifica qué es aquello que realmente se necesita para lograr tus objetivos. Demasiadas personas se desaniman, porque no están progresando más rápido, simplemente, porque nunca se tomaron el tiempo para hacer preguntas o descubrir cuánto tiempo han tardado otros para triunfar. Por eso, primero, desarrolla una imagen clara de lo que quieres para que te sea más fácil caminar hacia ello y establecer tus propias metas, asegurándote de que estas sean realistas.

- Establece límites con respecto al uso del tiempo que pasas trabajando. Verás que, paradójicamente, te ayudará a ser más eficiente, pues tú mismo te forzarás a diseñar mejores sistemas y procesos para así gestionar tu flujo de trabajo.

- Si planeas un horizonte más amplio que el que planean los demás, y estás dispuesto a soportar los altibajos a lo largo de un largo camino, lograrás mucho más que quienes te rodean e incluso más de lo que tú mismo... imaginabas.

Epílogo

TRES CLAVES PARA CONVERTIRNOS EN UN PENSADOR A LARGO PLAZO

A todos nos gustaría convertirnos en pensadores más estratégicos —elevarnos por encima de las urgencias del día a día—, pensar con mucha más profundidad en nuestra vida y en nuestros objetivos comerciales y alcanzar la perspectiva y las habilidades necesarias para lograrlos.

A lo largo de este libro, a través de la investigación y de las historias de verdaderos profesionales, hemos hablado de una variedad de estrategias que puedes utilizar para adoptar una perspectiva más clara sobre tu vida y adoptar la mentalidad de planear a largo plazo. Aquí, aprendiste conceptos como la optimización de ideas interesantes, actuar en oleadas, no pedirles favores en un año a tus nuevos contactos, la construcción de redes mirando a corto y largo plazo y también al infinito y mucho más. Pero, al final de cuentas, lo que más se requiere para convertirte en un pensador a largo plazo es tener carácter.

Necesitas coraje para abrirte tu propio camino, sin contar con la tranquilidad que tienen los demás al hacer exactamente lo mismo que hace la multitud.

Necesitas voluntad para soportar que te vean como un fracasado, —a veces, durante mucho más tiempo del que quisieras—, porque se requiere de tiempo para mostrar resultados.

Necesitas fortaleza para resistir y persistir, incluso cuando no estás seguro de cómo va a resultar lo que sea que quieres lograr.

Existen tres hábitos mentales que vale la pena cultivar a lo largo de tu viaje como pensador a largo plazo.

Independencia. En el fondo, pensar a largo plazo se trata de permanecer fiel a ti mismo y a tu visión. En nuestra sociedad se ejerce mucha presión sobre las personas que piensan en agradar a los demás a corto plazo: le dicen sí a un compromiso más, porque no quieren defraudar a nadie; otros aceptan el "gran cargo" que todos los demás admiran y desean tener, pero que a ellos los deja sintiéndose muertos por dentro. Cuando actúas a largo plazo, te tomará bastante tiempo mostrar resultados que valgan la pena. Entonces, si estás mirando a tu alrededor en busca de la validación de los demás, esa espera será devastadora. Para convertirte en un valiente pensador a largo plazo, necesitarás una brújula interna que te oriente y puedas decir: "Estoy dispuesto a apostarle a mi meta sin tener en cuenta ni por un solo instante lo que piensen los demás, así que haré lo que haya que hacer hasta llegar a mi meta".

Curiosidad. Algunas personas se contentan con vivir su vida de acuerdo con la hoja de ruta que otros les han trazado, sin cuestionar, ni analizar jamás otras alternativas. Pero, para muchas otras, vivir dentro de los límites impuestos es vivir una vida vacía, sobre todo, si sus intereses no se alinean con lo que la sociedad valora. Quizá, ellas no sepan el camino exacto por el cual quieren andar (después de todo, ¿quién lo sabe?), pero una cualidad que las llevará por el rumbo correcto es la curiosidad. Al notar cómo todos elegimos pasar nuestro tiempo libre, y entendiendo a quién y qué encontramos fascinante, obtenemos pistas sobre qué es en verdad lo que nos motiva y dónde, en determinado momento, podemos comenzar a hacer nuestra contribución.

Resiliencia. Hacer algo nuevo, algo único, es por definición experimental. No tienes idea de si tu idea funcionará o no —y, a menudo, no funciona—. Demasiados de nosotros experimentamos rechazo o fracaso e inmediatamente retrocedemos en nuestras intenciones, ignorando que el editor que nos rechazó lo hizo por una simple cuestión de gustos o pensando que era obvio que la universidad que nos rechazó supiera mejor que nosotros mismos lo que estaba haciendo. Pero eso no siempre es verdad. El azar, la suerte y las preferencias individuales juegan un papel fundamental en cómo se desarrollan las situaciones.

Si 100 personas rechazan tu trabajo, ese mensaje es bastante claro. ¿Pero 1 o 2 o 10? Ni siquiera has empezado.

Convertirte en un pensador a largo plazo requiere de mucha resiliencia de tu parte, porque es raro que algo funcione la primera vez o de la forma en que imaginaste que funcionaría. Debes tener un plan B (o C o D o E o F) en tu bolsillo trasero, junto con la capacidad de recuperarte y decir: "Bueno, definitivamente, eso no funcionó, así que intentemos otra cosa". La cantidad de veces que intentes obtenerlo es la variable crucial en tu camino hacia alcanzar tu éxito.

Todos tenemos la capacidad de perfeccionar nuestras habilidades, desarrollar nuevas técnicas y convertirnos en mejores pensadores a largo plazo. Es mi esperanza que este libro te haya proporcionado estrategias que puedas utilizar para iniciar tu viaje —y lo que es más importante, para perseverar hasta llegar al destino exacto que deseas.

Notas

INTRODUCCIÓN

1. Martin Lindstrom, "América corporativa in crisis! ¿Pensar como la realeza resolvería em gran problema?", LinkedIn, 11 de junio de 2020, https://www.linkedin.com/pulse/corporate-america-crisis-would-thinking-like- royals- solve-lindstrom /.

2. https://dorieclark.com/rex.

CAPÍTULO 1

1. Robert Kabacoff, "Desarrolla pensadores estratégicos en tu organización", *Harvard Business Review*, 7 de febrero de 2014.

2. Rich Horwath, "El Manifiesto del Pensamiento Estratégico", Strategic Thinking Institute, consultado el 9 de marzo de 2021.

3. Michael Chui et al., "La economía social: Generando valor y productividad a través de las tecnologías sociales", McKinsey, 1 de julio de 2012.

4. https://blog.hubspot.com/marketing/time-wasted-meetings-data.

5. Youngjoo Cha y Kim Weeden, "El exceso de trabajo y la lenta convergencia en la diferencia de género en cuanto a los salarios", *American Sociological Review* 79, núm. 3 (2014): 457-484.

6. John Pencavel, "La productividad de las horas de trabajo", *Economic Journal* 125, núm. 589 (2015): 2052-2076.

7. Silvia Bellezza, Neeru Paharia y Anat Keinan, "¿Por qué los estadounidenses se sienten tan impresionados ante el hecho de vivir ocupados?", *Harvard Business Review*, 15 de diciembre de 2016.

8. Tim Ferriss, entrevista con Jerry Colonna, *The Tim Ferriss Show*, podcast audio, 14 de junio de 2019.

9. Herbert A. Simon, "Diseñando organizaciones en un mundo rico en información", en *Computers, Communications* y en *Public Interest*, ed. Martín Greenberger (Baltimore: The Johns Hopkins Press, 1971).

CAPÍTULO 2

1. https://www.economist.com/news/1955/11/19/parkinsons-law.

2. https://sivers.org/hellyeah.

3. Frances Frei y Anne Morriss, *Uncommon Service* (Boston: Harvard Business Review Press, 2012).

CAPÍTULO 4

1. Larry Page y Sergey Brin, "Manual del propietario para accionistas de Google", carta de oferta pública inicial de los fundadores de 2004, Google.

2. Nicholas Carlson, "El pequeño secretico sobre la fórmula del 20% del uso del tiempo, según Google, según Marissa Mayer", *Business Insider*, 13 de enero de 2015.

3. Jillian D'Onfro, "La verdad acerca de la famosa póliza de Google y el 20% del uso del tiempo", *Business Insider*, 17 de abril de 2015.

4. Owen Thomas, "Elon Musk, de Telsa: 'Me quedé sin dinero en efectivo', *VentureBeat*, 27 de mayo de 2010.

CAPÍTULO 5

1. Técnicamente, el título es embajador en la Corte de St. James.

2. La organización Thinkers50, que ranquea a los pensadores más importantes del mundo, ha incluido en su Salón de la Fama a Marshall, convirtiéndolo en el coach ejecutivo más elogiado (https://thinkers50.com/biographies/marshall-goldsmith/).

CAPÍTULO 6

1. https://www.apa.org/science/about/psa/2009/10/sci-brief.

CAPÍTULO 7

1. Rick Hellman, "¿Cómo hacer amigos? El estudio revela que se requiere de tiempo", Servicio de Noticias KU, Universidad de Kansas, 28 de marzo de 2018.

2. https://www.jstor.org/stable/2776392?seq=1.

3. Carmen Nobel, "Las redes profesionales hacen que las personas se sientan sucias", Working Knowledge, Harvard Business School, 9 de febrero de 2015.

4. Gladwell popularizó el concepto de conector en su libro *The Tipping Point*.

CAPÍTULO 8

1. https://www.insider.com/reveló-jk-rowlings-original-pitch-for-harry-potter-2017-10#:~:text=J.K.%20Rowling's%20pitch%20for%20'Harry, el%20 ahora famoso%20letter%20aquí.

2. https://www.forbes.com/sites/alexknapp/2011/11/17/the-seduction-of-the-exponential-curve/#75ba0a072480.

3. https://www.amazon.com/dp/B00LD1RZGM/ref=dp-kindle-redirect?_encoding = UTF8&btkr=1.

4. Cathy Heller, entrevista con Derek Sivers, *Don't Keep Your Day Job*, podcast audio, 23 de diciembre de 2019.

5. Eliot Van Buskirk, "Derek Sivers vendió CD Baby por $22 millones y, de todas formas, salió de la mayor parte de ellos", *Wired*, 24 de octubre de 2008.

6. George Leonard, *The Way of Aikido: Life Lessons from an American Sensei* (Plume, 2000).

CAPÍTULO 9

1. https://www.pewresearch.org/fact-tank/2020/04/20/u-s-newsroom-employment-has-dropped-by-a-quarter-since-2008.

CAPÍTULO 10

1. Keith Caulfield, "El sexto álbum de Lady Gaga obtiene el puesto #1 en la lista de Billboard 200 Chart, con 'Chromatica'", *Billboard*, 7 de junio de 2020.

2. Maria Konnikova, "Las luchas de un sicólogo que estudia el autocontrol", *The New Yorker*, 9 de octubre de 2014.

3. BJ Fogg, "Comienza con poco", Tinyhabits.com, consultado el 9 de marzo de 2021.

4. Jeff Bezos, "Carta de 2017 a los accionistas", Acerca de Amazon. Amazon, 18 de abril de 2018, https://www.aboutamazon.com/news/company-news/2017-carta-a-accionistas.

5. Steven Levy, "Jeff Bezos es dueño de la web de más formas de las que tú crees", *Wired*, 13 de noviembre de 2011, https://static.longnow.org/media/djlongnow_media/press/pdf/020111113-Levy-JeffBezosOwnsWebinMoreWaysThanYouThink.pdf.

Agradecimientos

En primer lugar, no podría haber escrito este libro sin la amistad, ni la motivación, ni la inspiración que me brindaron los miembros de mi comunidad de Recognized Experts. Estoy especialmente agradecida con quienes me compartieron sus ideas y me permitieron contar sus historias en este libro.

Quiero manifestarles mi profundo agradecimiento a todas las personas que incluí en *Piensa a largo plazo en un mundo a corto plazo*. Su sabiduría y sus historias ayudarán a muchos otros.

Gracias a mi agente de toda la vida, Carol Franco, y a Jeff Kehoe y Alicyn Zall, mis incisivos editores, por hacer posible este libro. Me gustaría expresarle mi gratitud a Stephani Finks, por su paciencia y trabajo duro en el proceso de diseño de la portada; gracias a Julie Devoll y Felicia Sinusas, por promocionar el libro y hacer un lanzamiento excepcional; también les agradezco a Victoria Desmond, Josh Olejarz y a otros miembros del equipo de *Harvard Business Review*, por los esfuerzos que hicieron con tal de ver realizada la meta de conseguir que *Piensa a corto plazo en un mundo a largo plazo* se hiciera realidad.

No hay lugar a dudas de que mi talentoso asistente, Jon Hugo Ungar, me brindó su invaluable ayuda para que yo pudiera concentrarme en el libro, sabiendo que el resto de mi negocio estaba en buenas manos.

Como siempre, estoy agradecida con mi madre, Gail Clark, y con Ann Thomas por su amor y apoyo, así como con los amigos cercanos que siempre me proporcionan consejos sabios, incluidos Alisa Cohn, Jenny Blake, Shama Hyder, Petra Kolber, Joel Gagne y tantos otros que tengo en mi corazón, incluida la fallecida Patty Adelsberger.

Sería negligente no mencionar a mis increíbles gatos Phillip y Heath. Phil pasó suficientes horas de la pandemia de Covid haciendo videos en Zoom, con el fin de ganarse su tarjeta como actor profesional y actualmente busca un representante que le ayude a encontrar oportunidades en el escenario, el cine, la televisión, además de patrocinio.

Visita https://petfinder.com para encontrar y adoptar una hermosa mascota sin hogar.

Sobre la autora

Dorie Clark ayuda a las personas y a las empresas a identificar las mejores ideas de todas las que se escuchan en un mundo lleno de gente y, además, ruidoso. Ella ha sido parte de la lista los 50 mejores pensadores de gestión a nivel mundial, según Thinkers50. También fue galardonada por Premios Marshall Goldsmith Leading Global Coaches como la profesional #1 en entrenamiento y comunicación a nivel mundial; además, ha estado entre los 10 mejores profesionales de la comunicación en el mundo, según Global Gurús.

Clark enseña educación ejecutiva en Fuqua School of Business, de la Universidad de Duke, y en Columbia Business School. Además, es conferencista y asesora a clientes como Google, Bill & Melinda Gates Fundation y el Banco Mundial. También fue portavoz de una campaña presidencial. Clark es autora de *Entrepreneurial You*, de *Reinventing You* y de *Stand Out*, el cual fue premiado por la revista *Inc.* como el libro #1 del año en el campo del liderazgo

Clark ha sido descrita por *The New York Times* como una "experta en la autorreinvención y en ayudar a otros a hacer cambios en sus vidas". Es colaboradora frecuente de *Harvard Business Review*, productora de un álbum de jazz ganador de varios Premios Grammy y graduada de la Escuela de Teología de Harvard.

www.ingramcontent.com/pod-product-compliance
Lightning Source LLC
Chambersburg PA
CBHW030515080526
44586CB00011B/197